実務が必ずうまくいく

副校長・教頭の仕事術 55の心得

佐藤 正寿 著
Sato Masatoshi

明治図書

はじめに

　「管理職試験を受けてみよう」
　そう思ったのは，40代半ばのころのことでした。
　当時は情報教育や社会科の様々な実践を行い，充実した日々を送っていました。同時に，ミドルリーダーとして学校運営にも積極的に参画し，学校全体が変わっていくことの喜びも感じていました。
　尊敬できる先輩方に管理職の仕事について尋ねると，「大変だけどやりがいがあるよ」と実に楽しそうに話してくれました。
　そして，校長の勧めもあり，管理職になろうと決めたのです。

　「子どもが変わる」ことは，教師にとって大きな喜びです。
　学級担任は，直接子どもたちにかかわり，その喜びを感じ取ることができます。一方，副校長・教頭が子どもたちの成長に直接かかわる機会は限られています。
　しかし，副校長・教頭は"職員室の担任"としてすべての教職員にかかわり，「学校全体が変わる」ことに喜びを感じることができます。教職員が変われば子どもたちも変わり，学校全体が変わっていくからです。
　ここに，学級担任時代とは違うやりがいがあります。

　もちろん，副校長・教頭という仕事には厳しい側面もあります。
　膨大な量の仕事や保護者のクレームに毎日遅くまで対応しなければいけないという話を聞きます。最近では，一度は管理職になったものの，自らの意思で降格を希望する人もいます。
　しかし考えてみると，仕事が集中するということは，それだけ頼りにされる存在であると見ることができます。また，学校の課題に挑むことは，副校長・教頭の仕事の醍醐味の１つであるとも言えます。

本書は，はじめて副校長・教頭になった方の仕事の手助けとなれば…と考え，55の心得として著したものです。もちろん，「今後管理職を目指そう」という人にとってのガイドにもなります。
　55項目の内容は多岐に渡ります。
●副校長・教頭のスタートをどうするか
●法律に関する知識をどのように仕事に生かすか
●多くの人と対話するためのポイントは何か
●効率的な仕事術にはどのようなものがあるか
　一つひとつが私自身の経験から学んだものです。
　「より具体的に記そう」「読み手が前向きになるようにまとめよう」という意識で執筆しました。

　多くの副校長・教頭，また管理職を目指す方に本書を読んでいただくことで，教職員が変わり，子どもたちが変わり，ひいては学校全体が変わることを願っています。

　最後に，発刊にあたって，編集担当の矢口郁雄氏に適切な助言と励ましを何度もいただいたことに感謝申し上げます。

2016年1月

佐藤　正寿

Contents

はじめに

第1章 副校長・教頭のスタート

1 引き継ぎは具体的な職務を知る第一歩――8
2 リサーチ＆ヒアリングで学校と学区を知る――10
3 尊敬する副校長・教頭の行動をモデルにする――12
4 1回目の職員会議でマネジメント力を示す――14
5 校長の考えを理解する――16
6 事務のプロから教わる――18
7 その日は突然やってくる―危機管理を万全に――20
8 施設管理・安全対策は足と頭で稼ぐ――22
9 学校からの文書発行にひと工夫を――24
10 校内通信で思いを発信――26
11 「全校の担任」という意識で支援が必要な子どもを覚える――28

新任副校長コラム 地域に惚れる――30

第2章 副校長・教頭は職員室の担任

12 副校長・教頭は職員室の「センター」――32
13 ライフステージに応じた人材育成を考える――34
14 教職員面談は意欲喚起の場――36
15 雑談から学級担任の様子を知る――38
16 先輩として学級担任時代の仕事術を公開する――40
17 「一人職」の教職員の働きぶりに目を配る――42
18 補欠授業は子どものよさを学級担任に伝えるチャンス――44
19 報告・連絡・相談の大切さを伝える――46

20 オープンな雰囲気の職員室をつくる————48
21 「教える」のではなく「引き出す」————50
22 子どもの名前と授業論が出る職員室に————52

新任副校長コラム 「なんで副校長先生になったの？」————54

第3章 法規に基づいて学校をつくる

23 副校長・教頭の職務を法規から読み解く————56
24 副校長・教頭に必要な法規の知識(1)————58
25 副校長・教頭に必要な法規の知識(2)————60
26 適正な勤務管理のための取り組みを行う————62
27 学校表簿の管理は適正に————64
28 教育委員会と連携する————66
29 予算編成・予算管理の重要性を意識する————68
30 コンプライアンスの目指すべきところ————70
31 呼びかけだけに終わらない不祥事防止の方法————72
32 「一般教養」研修をデザインする————74
33 ときには会議で法規のレクチャーを————76

新任副校長コラム 職員会議のヒット企画————78

第4章 情報を発信し，多くの人と対話する

34 保護者を知り，PTA役員と仲良くなる————80
35 地域ボランティアを学校の応援団にする方法————82

36　副校長・教頭は学校の「営業部長」——*84*
37　クレームを学校改善のヒントに——*86*
38　特別支援教育の大切さを保護者に伝える——*88*
39　他校の副校長・教頭とのネットワークを生かす——*90*
40　学校広報は協力関係を築く大切な仕事——*92*
41　学校ブログの４つの特性——*94*
42　幼保・小・中連携は足を運ぶところから——*96*
43　様々な業種のプロから学ぶ——*98*
44　「学校の窓口」として信頼を得る来客・電話対応——*100*

新任副校長 コラム　働くことは最高の道徳教育——*102*

第5章 先頭に立って走る

45　新しい教育課題への取り組みこそ副校長・教頭から——*104*
46　「教育の情報化」を推進する——*106*
47　学校改善のための企画力を——*108*
48　保護者と協同の取り組みに数値目標を入れる——*110*
49　管理職だからこそ授業にこだわる——*112*
50　自主研修で最新の学びを——*114*
51　仕事に取り組む原則を確立する——*116*
52　激務だからこそ身につけたい効率的な仕事術——*118*
53　東日本大震災から学ぶ危機管理——*120*
54　次学期・１年後・３年後を見通す——*122*
55　いつでもどこでも笑顔で——*124*

第1章
副校長・教頭のスタート

　間もなく新たな職に就きます。
　「いよいよ管理職。新しい仕事だ。がんばろう」というやる気と，「心配だな…」という不安な気持ちが入り混じっていることでしょう。
　でも，大丈夫です。
　管理職の先輩方にも同じルーキーの時代があり，同じ気持ちで仕事に臨んでいたはずです。
　今まで自分が学んだことを強みとしながら，新任校に向かいましょう。

Chapter 1

第1章 副校長・教頭のスタート

1 引き継ぎは具体的な職務を知る第一歩

赴任前に行う「引き継ぎ」は、その学校の管理職としてスタートダッシュするための貴重な時間。
何倍もの効果が出るように事前の準備をしよう。

☑ 基本的な職務内容を引き継ぐ

　副校長・教頭として赴任する学校へ、事務引き継ぎを行うため、3月末に訪問をします。基本的な職務内容はどの学校でも同じですが、その学校独自の職務もあるので、年度はじめのスムーズな職務遂行のために事務引き継ぎは欠かせません。

　しかし、年度末ということもあり、限られた時間で多くの内容を引き継ぐことになります。また、前任者の引き継ぎ文書が簡素すぎる場合もあります。

　そこで、**事前に基本的な引き継ぎ項目リストを作成して臨む**ことをおすすめします。例えば、次のような内容です。

- ●副校長の校務分掌
- ●PTAの業務
- ●学校の広報活動
- ●職員会議運営
- ●学校評価
- ●施設設備の管理
- ●地域団体とのかかわり
- ●発行文書
- ●通帳管理
- ●コンプライアンス
- ●諸帳簿の保管
- ●児童の安全管理
- ●職員の指導
- ●服務管理
- ●当面の日程…等

　前任者の準備の仕方によっては、これらの項目が文書化されておらず、口

頭での引き継ぎになってしまったり，「このファイルにあります」という形で終了してしまったりする場合があります。

しかし，それでもよいのです。チェックリストにかかわる情報のありかがわかることで，新年度に探す手間が省けます。

☑ その学校の留意点を引き継ぐ

それぞれの学校には，管理職として留意しなければならないことがあります。それらは文書では引き継がれないことが多いものです。

例えば，前年度までの保護者や地域からのクレーム対応，教職員の健康状態にかかわること，管理職がかかわるトラブル事例といったことです。副校長・教頭にとっては，対応を誤ると大きな問題となりそうなものです。

先の事務的な引き継ぎだけではなく，このような留意点についても見落とさないために，**「在任中に副校長職として対応が大変なことはなかったでしょうか」**といった質問を準備して引き継ぎに臨みましょう。

私がこの質問をしたとき，「そういえば，これは伝えておいた方がいいかもしれない。子ども同士のトラブルに対して，学校としてマニュアルに沿った対応をしたものの，保護者が猛烈な抗議をしたことがあった」という話をされたことがあります。

この話を聞いていたので，赴任してすぐに子ども同士のトラブルの際の保護者対応について話題提起をして，職員間で共通理解を図ることができました。引き継ぎから先手を打つことができたのです。

引き継ぎでは事前にチェックリストを準備して，おおまかな情報をつかむだけでなく，積極的に留意点を質問する。
それらが管理職として新任校での貴重な情報になる。

第1章 副校長・教頭のスタート

2 リサーチ＆ヒアリングで学校と学区を知る

学校と学区について，「赴任したばかりで知りません」という言い訳は，副校長・教頭の立場では通用しない。
ポイントは，「リサーチ＆ヒアリング」にある。

☑ 事前に学校・学区情報をリサーチする

「先生は，本校に何年もいたかのような感じですね」と赴任したばかりの4月に言われたことがありました。

「国語の説明文指導について公開研究会をしたときの資料があります」「学校の近くの大通りは危険で，かつて事故がありました」といったように，学校や学区の歴史について，4月の会議でたびたび発言していたからです。

いったん赴任したら，その学校の教職員です。副校長・教頭なら，すぐに「本校・本学区の特色は…」と言えるようにしたいものです。

まずは赴任前に，学校・学校情報をリサーチしてみましょう。

事前リサーチに最適なのは，学校のホームページ・ブログです。多くの学校がインターネットで情報発信をしています。毎日更新の学校も珍しくありません。1年間分を辿ってみて，特色ある行事をチェックすると共に「自分だったらどのような情報提供ができるだろうか」と考えてみましょう。

学区の情報もインターネット上に多くあるものです。地名で検索すると関連する記事が出てきます。私は，伝統芸能が盛んな学校に赴任したとき，事前にその情報を調べていたので，赴任直後に行われた地域の方との懇親会で詳しく話を聞くことができました。

また，市役所，図書館，地区センターに出向き，公的な文書から学区の様子を知るのも大切です。広報紙には，地域の特色ある取り組みや人材が紹介されているものです。それらは，授業をつくるヒントになります。

☑ 赴任後は地域を回ってヒアリング

　赴任したら，早いうちに地域を回ってみましょう。**自動車より自転車や徒歩の方が発見が増えます。**

> ● 大きな通りを自転車で走ると，横を自動車がスピードを上げて走り去っていく。近くに交番があるので，あいさつがてら交通事情を聞く。子どもたちの交通安全指導に力を入れなければいけないことがわかる。
> ● 商店街には子どもたちが興味を示しそうなゲームソフト販売店があった。無料ゲームコーナーでの小学生の様子を店の人に聞くと，長時間行っている子もいるとのこと。大切な情報である。
> ● 住宅地には新しいアパートが多く建てられている。他の地区からアパートに住み，本校に通っている子どもも多いと推測できる。
> ● 学校の北側には田んぼが広がっている。神社や遊び場もあり，商店街と別世界。

　自分の足で学区を回ると視点が広がります。地域の方へのヒヤリングも貴重な情報となります。

> 今は情報が入手しやすい時代。インターネット等で学校・学区情報を事前にリサーチする。赴任後は，自分の足で学区を回り，ヒヤリングをする。副校長・教頭なら「本校は…」とすぐに特色を言えるようにしよう。

第1章　副校長・教頭のスタート

3 尊敬する副校長・教頭の行動をモデルにする

「どのような管理職になりたいか？」という質問に即答できるだろうか。過去に出会った管理職で尊敬できる人がいたら，幸いである。その行動がモデルになる。

☑ 校内の先輩の影響力の強さ

国立教育政策研究所が平成23年に行った「優秀教員の力量形成に関する調査研究」の中で「授業実践や教育に対する考え方に影響や変化を及ぼしたと思われる事柄」という内容がありました（対象は，小学校，中学校，高校の教員）。

その答えで一番多かったのは**「学校内での優秀な教員との出会い」**という答えで40.4％もありました。他の「学校外での優秀な教員との出会い(15.2％)」「教科等の研究会での活動(7.2％)」よりはるかに高い数値です。

これは管理職についても同様だと思います。

かつて勤務した学校の管理職の先生を思い浮かべてみましょう。尊敬できる上司が必ずいたはずです。そのような管理職がいたことが，副校長・教頭職を希望した動機の1つにもなったのではないでしょうか。

☑ 尊敬できる副校長・教頭の行動や態度をあげてみる

尊敬できる副校長・教頭は，自分にとってのモデルです。
学んだことをぜひ生かしたいものです。
その方たちがどのような行動や態度だったか思い浮かべ，文字化してみる

ことがおすすめです。

> ● 施設管理の不備を報告すると，必ず現場に足を運んで確認をしてくれた。現場第一主義。
> ● どんなに忙しそうなときでも，来客が来るといつも笑顔で迎えていた。地域の方の信頼も厚かった。
> ● ふだんは温厚だが，締切日には厳しかった。自分が締切日ぎりぎりに提出したときにも「締切を守るかどうかで信頼度が試されているんだよ」と諭してくれた。
> ● 研究会で評価について意見を述べたときに，「この本を読んでみなさい」と関係する書籍を貸してくれた。…等

このような行動を思い浮かべる中で，自分が副校長・教頭になってすべき態度や行動を具体化していきます。

「報告を受けたら真っ先に現場に行ってみよう」「いつも笑顔を忘れずに」「締切日の大切さを伝えていこう」「書籍をどんどん紹介し，貸し出そう」といった具合です。

また，尊敬する先輩方に管理職時代の信条を実際に尋ねるのも1つの方法です。

昇進の報告を兼ねて，ご家庭を訪問してみましょう。もちろん，電話でも構いません。喜んでもらえると同時に大切な心構えも学ぶことができるでしょう。

> 尊敬できる先輩の行動や態度を「自分の信条」としてまとめてみよう。
> 実は先輩方も同じ道を辿ってきた。
> それは教育界の大切な財産である。

第1章
副校長・教頭の
スタート

4　1回目の職員会議でマネジメント力を示す

職員会議の司会は単なる進行役ではない。
「今年の職員会議は違うぞ」と思われるような司会を心がけたい。
事前・事中・事後のマネジメントを工夫しよう。

☑ 前年度の課題点に対して事前に手を打つ

　一般的に，職員会議の司会は副校長・教頭がすることが多いものです。
　司会は単なる進行役ではないので，それだけの力量をもっている者に任せるからでしょう。新年度の1回目の職員会議は特に大事です。
　新任であれば，今までの職員会議の様子がわかりません。そこで，**簡単に職員会議の様子について周囲に聞いてみる**ようにします。特に，課題点は聞いておきたいものです。
　例えば，「職員会議が予定の時間より長くなっている」といった場合には，その原因も聞きます。「開始時刻に遅れる人を待っている」「提案が丁寧すぎる」といった理由が出てきます。
　さっそく対応策を考えます。すぐにできることとして，次のようなことがあげられます。

●事前に予定の時間で始めることを予告する。遅れる人がいても会議を始める。それは「時間厳守」を全体に示すことにつながる。
●会議冒頭で「効率的に進めるために，提案はポイントを絞って話してください。文書を読み上げる必要はありません。浮いた時間を話し合

> いに割くことができます」と，提案の仕方を具体的に指示する。
> ●最初に提案をする教務主任に「○ページを△分で提案するようにして，提案の仕方のモデルになってください」と話す。

　このようなことを事前に行うだけでも，ただ長かっただけの会議が大きく変わります。

☑ 提案や話し合いをコントロールする

　職員会議の司会は，提案や話し合いをコントロールする必要があります。**特に会議のルールに反する場合には，介入が必要**です。

　例えば，提案者が途中で「○○はどのようになっているでしょうか，5年生さん」と問いかけ，それに学年担当が答えようとする場合があります。そのようなときには，「まずは最後まで提案をしてください」と注意します。

　話し合いが膠着状態になり，提案者が困っていて長引くような場合には，「今は再提案が難しいので，のちほど出してください」と，保留で終了させます。

　これらを判断する力量が司会者には求められるのです。

　また，事後に「発言してよかった」と思う言葉かけを行うことも大切です。

　意見を述べても，それが却下される場合もあります。それでも価値のある意見だった場合には，事後に「大切な問題提起でしたね」といった言葉かけをしましょう。職員会議を「参加しがいのある場」にすることも副校長・教頭の大切な役割です。

> 職員会議は事中だけではなく，事前にも事後にもマネジメントが必要。特に1回目の会議では，前年度までの課題点を改善しようという姿勢を示していく。

第1章 副校長・教頭のスタート

5 校長の考えを理解する

 副校長・教頭は校長の補佐役。
まずは校長の経営方針を理解することが求められる。
管理職2人が同じ考え,同じ行動基準であれば教職員も迷わない。

☑ 会話で「助ける」ことの意味を読み解く

　副校長・教頭に共通する職務は,学校教育法三十七条にある通り「校長を助け」ることです。いわば,校長の補佐役です。
　「教育に対する考えや方法が違うから」「責任は校長にあるから」といって,副校長・教頭が校長を助けることをしないでいたり,別行動をとったりするのは,教職員にとっては迷惑以外の何物でもありません。
　2人が強い信頼関係で同じ判断,同じ行動をすることで,教職員も安心して実践ができます。
　そのためには,副校長・教頭が自ら求めて校長と対話することです。
　話し好きの校長であっても,もの静かな校長であっても,一番話す相手は副校長・教頭です。学校経営計画に書かれている文章を読むだけではなく,日常的な対話の中から校長の考えを理解していきましょう。
　しかしながら,校長から一方的に話されるだけでは,対話とは言えません。
　副校長・教頭として自分が得ている情報を校長に提供しつつ,どのような学校づくりを行いたいのか,次のような質問を積極的に投げかけていきましょう。

- ●特別支援が必要な子どもがいて、学級担任が苦慮している様子が見受けられます。特別支援が必要な子どもの対応について、校長先生がお考えになっていることは何でしょうか。
- ●授業づくりの基本となる考えを学ぶ場が本校では必要と思われます。若い先生方からも希望があります。校長先生が目指す授業はどのようなものでしょうか。

　このように**情報提供をしながらの対話であれば、校長も具体的に自分の考えを話しやすい**はずです。

☑ 常に「提案」を意識する

　ある校長が「校長になったら職員室の情報が入らなくなった」と話していました。その点、職員室に常にいる副校長・教頭には一次情報がどんどん入ってきます。補佐役として、自分が得た情報はどんどん校長に報告する必要があります。

　その際、常に「提案」を意識しましょう。例えば、校長が出張で不在のときに生徒指導上の問題が起きた場合は、**事実報告だけではなく、副校長・教頭としてどのような考えでどのような対応を指示したか話す**のです。その考え自体が、自分の対応の提案となります。

　さらに今後の予防策を提案できたら、それに対する校長の判断を仰ぐことにもなります。それは校長の考えを深く知ることにもなるのです。

副校長・教頭の強みは一次情報を得ていること。
それを基に積極的に校長に質問をしたり、提案をしたりすることが校長との対話を深めることにつながる。

第1章 副校長・教頭のスタート

6 事務のプロから教わる

 副校長・教頭にとって事務職員は大きな存在である。しかし，その職務内容については未知のところが多い。どのように接していったらよいのだろうか。

☑ 事務職員の存在の大きさを理解する

　学校には多くの事務仕事があります。**副校長・教頭になって事務職員の仕事ぶりを間近で見ると，その幅の広さに驚く**でしょう。会計・予算，給与，施設・設備，学籍・就学援助，そして毎日の文書管理。
　さらに，頻繁に教育委員会や市役所の担当者と連絡・調整をしながら，事務を行っています。
　事務職員の事務が滞ると，教材準備や出張，施設修繕に影響を及ぼすことになり，結果的に子どもたちの教育活動がスムーズに行かないことになってしまいます。
　このような事務職員の存在の大きさをまずは理解しましょう。

☑ 「見方」を教えてもらう

　事務職員の作成する書類の多くは，副校長・教頭になってはじめて目にするものが多いはずです。
　出張のための旅行命令簿や予算執行等の書類を見ても，どのように見たらよいのか最初は戸惑うことでしょう。それでも管理職として決裁をしなければいけません。

そのようなときには，**率直に事務職員にどのような観点でチェックをすればいいのか聞いてみる**ことをおすすめします。見方もわからずに決裁印を押すのは望ましいことではありません。

　また，修繕等で関係業者が来校する際には，事務職員が依頼したものであっても，一緒に立ち合うようにします。校内施設について知ることはもちろんですが，事務職員の観点でどのように業者に働きかけをしているのか学ぶよい機会になります。

　このような姿勢で接していくことで，事務職員からの信頼感も増します。

☑ 教育活動にかかわっているという意識をもってもらうために

　教えてもらうばかりではなく，事務職員の力を引き出すのも副校長・教頭の大事な役目です。

　そのためには，**「事務職員も教育活動にかかわる大切な存在である」ということを自覚してもらうことが大切**です。

　「今年は理数教育に重点を置いています。そのための予算配分を考えてもらえないでしょうか」といったように，折に触れて本年度の学校教育活動の重点を話すことが必要です。

　また，学級担任にも事務職員の働きで今年度の重点に即した教材・教具がそろえられていることを話し，その使い方を紹介します。そうすれば「新しい実物投影機，とても役立っています」といった声が届くようになります。

　事務職員と学級担任のコミュニケーションの機会を増やすことも大切なのです。

> 事務職員の存在の大きさを自覚して，率直に見方を学ぶ姿勢をもとう。
> 業者対応を一緒に行う中で，信頼関係も生まれる。
> それは事務職員の教育活動への参画意識も高める。

第1章 副校長・教頭のスタート

7 その日は突然やってくる
危機管理を万全に

危機管理とは「いざ」というときに備えるということ。
管理職はその中心に立つ。
そのときが来ても自信をもって対応できるように準備しよう。

☑ 危機を予防するためのチェックを行う

　危機管理とは「『いざ』というときにどのように対応するか」を想定しておくことです。その「いざ」は様々なケースが考えられます。

- 火災や地震で子どもたちを避難させなければいけない
- 施設・設備の故障で授業や給食がストップした
- 子どもが事故を起こしたり，ケガをしたりした
- 子ども同士のトラブルに保護者が怒鳴りこんできた…等

　いずれも，対応を誤ると事態が悪化したり，ときにはマスコミ報道をされたりして，学校が信頼を失う結果となります。
　それぐらい危機管理は学校の重要な管理項目となってきました。副校長・教頭は，子どもおよび教職員を守るためにも危機管理を重視しなければいけません。
　危機管理のポイントは「どれだけ備えをするか」です。
　どの学校でも「危機管理マニュアル」は作成されています。それが実際に機能するように，次の視点でチェックしておきましょう。

- 教職員全員がマニュアルの内容を項目別に理解しているか。不十分な場合には，共通理解の場をつくり，危機管理意識を高める。
- 避難訓練，保護者引き渡し訓練，交通安全指導が具体的場面に即したものになっているか。
- 警察・消防署・病院・教育委員会に，だれでもすぐに連絡・連携できる役割分担ができているか。
- 突然のマスコミ対応，保護者や地域のクレーム対応の窓口一本化が徹底されているか。

事が起こってからでは遅いので，起こる前に対策を練っておきましょう。

☑ 判断基準をもち，全力で被害の拡大防止を図る

もしも，「いざ」というときが本当に来たら，全力で被害の拡大を防がなければいけません。どんなケースでも，次のように**管理職が判断のための基準や行動指針をもっていれば**，それに基づいて迅速な対応ができるのです。

- 子どもの安全が最優先。
- 危機対応の要となる教職員に的確な指示をすぐに行う。
- 情報をどこまでどのように伝えるか決める。
- マスコミ対応は一本化し，正確・公平に行う。逃げない。

危機管理は，事前にどれだけ予防策を立てているかがポイント。「いざ」というときが本当に来てしまったら，危機管理マニュアルと判断基準に基づいて被害の拡大防止を図ろう。

第1章 副校長・教頭のスタート

8 施設管理・安全対策は足と頭で稼ぐ

毎日行っている安全点検。
最初は新鮮な気持ちで見ていても，そのうち慣れてしまいがち。
その「慣れ」こそが，安全対策の一番の敵である。

☑ 施設点検は「全校の目」と「新しい目」で

　施設・設備が安全であることは，子どもと教職員が安心して学校生活を送るための大前提です。

　副校長・教頭であれば，毎日1回は校舎内外の点検をして異常がないか確かめるべきです。そして，不備な点は迅速な対応を行うようにします。

　ただ，毎日行っているとどうしても慣れてしまうものです。細かい不備が見えない場合もあります。

　そのときに活用したいのが，子どもや教職員からの施設情報です。**管理職の目だけではなく，「全校の目」で施設管理するというスタンスだと，視野も広くなる**からです。これは子どもたちの危険回避の力を育てるうえでも大切です。

　具体的な取り組みとしては，「危険だと思ったところはすぐに報告を。みんなで安全な学校をつくりましょう」と子どもや教職員に呼びかけます。例えば，「遊具の登り棒がグラグラします」といった報告があった際には，現場第一ですぐに駆けつけるようにします。

　また，テレビ等で学校での事故が報道されるときがありますが，そのようなときは自校の安全点検を見直すチャンスです。

「トイレの戸に指が挟まって大ケガをした」というニュースがあったら，普段は軽く見るだけの大便用のトイレも，実際に戸を動かしてみて危険がないかどうか確認してみましょう。
　子どもや教職員からの情報，そして他校の事例は，安全点検の「新しい目」を得るために必要な情報なのです。すぐに現場を見るという現場第一主義で視野を広げるようにしましょう。

☑ あらゆる最悪の事態を想定する

　毎日の点検で「今日も大丈夫だった」と目の前の安全だけ考える姿勢では，施設管理担当者としては不十分です。
　そこで，**ときどき「最悪の事態」を想定してみる**のです。台風，大地震，大雪といった非常変災は，いつ襲ってくるかわかりません。2011年の東日本大震災では，多くの学校が避難所になりました。

- 台風が来たときに，校庭の樹木や校舎周りで吹き飛ばされるようなものはないだろうか。
- 大きな地震で棚から落下の可能性があるものはないだろうか。割れやすい理科室の器具の置き方は大丈夫だろうか。
- すぐに避難所にできるような準備はできているだろうか。

　このようなあらゆる最悪の事態を想定し，備えをしておくのです。まさに「備えあれば憂いなし」です。

心得8　施設管理は子どもを含めた全校体制で視野を広げるようにする。同時に最悪の事態を想定した備えをしておく。
「足と頭」で稼ぐことがポイントである。

第1章
副校長・教頭の
スタート

9 学校からの文書発行にひと工夫を

各種行事案内，緊急の通知文といった学校からの文書発行。
前年度の形式をそのまま踏襲するだけになっていないだろうか。
ひと工夫できるところはないか，確かめてみよう。

☑ 読み手のニーズに応じて加筆・削除する

　学校から保護者宛ての文書として発行されるものは，大きく2つの種類があります。

　まずは，「学校便り」「学年便り」「給食の献立表」「行事案内」といった定例のものです。もう1つは「学級閉鎖」「台風の接近」「臨時集金」「工事のお知らせ」といった緊急のものです。

　この中で，行事案内や緊急のお知らせは副校長・教頭が作成する場合が多いものです。基本的には前年度までの文書がデータとして残っているので，日にちのところを変えれば済みます。

　しかしここで，**読み手の保護者の立場で文書を読み返してみる**のです。

　台風の接近の文書を前年度の例に倣って発行しようとしたときがありました。読んでいてなんだかすっきりしません。そして，「保護者の立場で考えたら，一番知りたい情報は家庭でどのような対応をとるかということだ」と考え直し，次のように加筆・削除しました。

● 「台風16号接近にかかわる明日9月3日の登下校について」というタイトルに「（緊急・重要）」を加え，ゴシック体にして強調する。

- 「初秋の候…」という時候のあいさつを削除する。このような緊急文書の場合には、ずばり内容を示す。
- 「(1) 9月3日（木）の登校は平常どおりとする」というように、保護者がどのように対応したらよいか、簡潔明瞭に記す。
- 判断の根拠となる台風の気象情報について引用先を明記して記載する。

緊急文書は保護者にとってわかりやすいものであることが第一です。

☑ 味気ない御礼文書をビジュアルに

入学式、卒業式で祝詞を転任教職員や関係幼稚園等からいただく場合がありますが、それに対する御礼の文書は型どおりになってしまうことが多いものです。もらう方からすれば、実に味気ないものです。

そこで、式の写真を御礼の文章の下に掲載してみました。さらに学校ブログに様子が掲載されていることもPRしました。

このような**ひと工夫で、読み手に喜ばれる紙面になるとともに、学校の情報発信力が試されている**とも言えます。

心得9 前年度までの定例文書を、読み手の視点から見直そう。読み手に「今までと違う」と思わせるようなひと工夫を加えることが、学校の情報発信力向上につながる。

第1章
副校長・教頭の
スタート

10 校内通信で思いを発信

教職員に副校長・教頭として，同僚に「こんな情報を伝えたい」という機会がある。
そんなときは「校内通信」だと情報や思いが伝わりやすい。

☑ 副校長・教頭は校内情報の発信基地

　副校長・教頭には情報が多く集まります。

　学級担任からの報告，養護教諭や事務職員からの数値データ，教育委員会や地域といった外部からの情報提供等。

　また，自分自身でも最新の教育情報を新聞やインターネット，教育雑誌等から収集しているはずです。

　いわば，「情報の集積基地」と言えるでしょう。

　ただ，情報を集めるのはあくまでも発信するためです。そこで，**「副校長通信」を発行する**ことをおすすめします。そのよさはいくつもあります。

- 時間の限られた職員会議で伝え切れない情報を伝えることができる。
- 忙しい学級担任も時間を見つけて読むことができる。
- 文章化することで，情報のポイントや伝えたいことをまとめることができる。
- 情報を発信者も読み手も保存できる。

　通信発行といっても，難しくはありません。副校長・教頭も学級担任時代

は学年通信や学級通信を発行したことがあるはずです。同じ感覚で学校の教職員向けに発信すればよいのです。

☑ 内容はバラエティに富んでいるほどよい

　通信の内容は，子どもたちの様子，行事で感じたこと，学校の施設設備にかかわること，最新の教育情報，教育法規をかみ砕いた内容，最近読んだ教育書，地域の人材・教材情報…等，**バラエティに富んでいればいるほど，教職員の視点も広がる**ものです。

　下の通信は，服務の研修会に参加した内容を記したものです。学級担任は，このような情報に接する機会があまりありません。管理職ならではの貴重な情報提供となるのです。

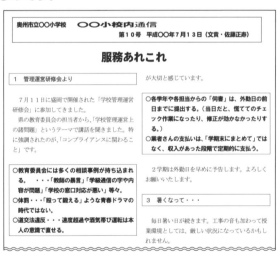

心得10　発信するための情報を収集しよう。
校内通信は教職員に響くメディア。自分の得た情報とともに，自分の思いも伝えよう。バラエティに富んでいるほど読み手の視野が広がる。

第1章 副校長・教頭のスタート

11 「全校の担任」という意識で支援が必要な子どもを覚える

 どの学校にも支援が必要な子どもは存在する。
そういった子をしっかりと覚え，学級担任を支援していこう。
副校長・教頭は「全校の担任」なのだから。

☑ 「全校の担任」とは？

副校長・教頭は「全校の担任」といってもよい存在です。

これには2つの意味があります。

1つは「全校児童の担任」という意味です。可能な限りの子どもを覚え，一人ひとりのよさを見とっていきましょう。

朝出会ったときに元気のよいあいさつをする子，授業参観時にすばらしい発言をする子，掃除時間にコツコツと働く子…等，認めるチャンスは毎日あります。また，登校渋りやアレルギー，軽度発達障害といったように支援が必要な子も存在します。そのような子どもについては，名前はもちろん，必要な支援内容も覚えましょう。管理職としての対応が必要な場合が出てくるものです。

もう1つは「学級担任の担任」という意味です。学級担任は支援が必要な子どもたちの対応に力を注いでおり，それには多くのエネルギーが必要です。なかなか思うようにいかずに孤立感を味わうこともあるはずです。そのようなときに，副校長・教頭が「学級担任の担任」になって，悩みを聞いたり，サポートしたりすると，どれだけ心強いことでしょう。

☑ 全校の担任としてチームを組織する

　いじめや不登校といった生徒指導上の対応事案が生じた際は，学校としてチームで解決しようとする姿勢が大切です。

　それを組織するのは，副校長・教頭の役目です。校長，学級担任，生徒指導担当，養護教諭といった校内関係者をメンバーとして会議を開き，対応策を話し合います。

　全校の担任としては，これだけでは終わりません。保護者と話し合う席を設けて助言をしたり，外部機関のカウンセラーに学校への支援を依頼したりすることもあります。

　「支援が必要な子どものためにできること」「その担任のためにできること」を考えることが全校の担任である副校長・教頭の役割なのです。

☑ その子のためにできる支援を準備する

　支援の必要な子どものために学級担任ができることは限られていますが，それがチームとなれば別です。

　ある年に食物アレルギー症状をもつ子が入学しました。給食上の配慮を栄養教諭と学級担任が行いました。しかし，学校側としてもっとできることがあるのではないかと考え，症状別のマニュアルを保護者の話に基づいて準備しました。そのマニュアルに対応する人は学級担任以外の教師団です。

　「学校全体のバックアップ体制が心強かった」と学級担任は話してくれました。その子のためにできる支援の準備の大切さを感じた出来事です。

心得 11

副校長・教頭は，全校児童だけではなく，学級担任の担任でもある。支援の必要な子どものために，チームを組織し，できる支援の可能性を深く考えることが大切。

新任副校長コラム

地域に惚れる

「管理職になったら，まずは地域に入ることだ。そして，『地域に惚れる』くらいにならないといけない」
　管理職としてはじめて赴任する前に尊敬する先輩から言われました。
　赴任校は実家から200km近く離れた，県境の山の中にある小さな小学校。学校の裏に牧場があり，屋上から放牧されている牛が見えました。
　学区には住んでいなかったので，4月の最初の2週間ほどは地域を見ることもできませんでした。

　そんな中，運動会の案内文書を作成し，学区内の来賓に配付することになりました。通常は近所の子どもたちに届けてもらうのですが，「これはチャンス」ということで，自分が回って直接届けることにしました。むろん，地域を覚えることも目的です。
　配付にかかった時間は，自動車で1時間あまりです。地図を見ながらの移動で，だいぶ学区の様子がわかりました。
●牛を飼っている家が多いこと
●馬も多く飼われていること
●炭をつくっているところがあったこと
●そして，常に緑が目に飛び込んできたこと…等

　「地域の特色で教材開発がいろいろできるなあ…」と改めて感じました。
　それだけではない地域のよさもたくさん感じました。行き交う皆さんのあいさつの気持ちよさ。わからない家を丁寧に教えてくれる親切さ。人と人とのつながりがとにかく深い地域。
　赴任して2週間あまり。まさに「地域に惚れた」地域回りでした。

第2章
副校長・教頭は職員室の担任

　「副校長・教頭は『職員室の担任』」ということをよく聞きます。
　これは，職員室経営の大きなヒントです。
　担任時代，子どもたちの成長に力を注いだように，教職員が成長できる環境をつくっていきましょう。
　「明るく楽しい学級」を子どもたちが大好きなのと同じように，「明るく働きがいのある職員室」にしていきましょう。
　副校長・教頭はそのキーマンなのです。

Chapter 2

第2章
副校長・教頭は
職員室の担任

12 副校長・教頭は職員室の「センター」

副校長・教頭は職員室では全体を見渡せる場所に座っている。
いわば職員室の「センター」である。
それにはわけがある。

☑ 情報が集中する「センター」

　今までの勤務校の職員室で、副校長・教頭の座っていた場所を思い浮かべてください。おそらく、職員室全体を見渡せる場所にあったはずです。
　それだけではありません。職員室に入る来客にも対応しやすく、さらに校長室と連絡も取りやすい場所にあったのではないでしょうか。また、隣席には教務主任や事務職員など仕事上でやりとりが多いスタッフが位置していることも多いと思います。職員室の電話がそばにある場合もあるでしょう。
　これらは何を意味するのでしょうか。
　１つは**「教職員や来客の様子が把握しやすい」**ということです。
　「５年生と３年生の先生が集まって何か打ち合わせしているな…。子どもたち同士で何かトラブルが起きたのかもしれない」
　「来客がチラシのようなものをもってきた。自分から出て話を聞こう」
　「山田先生の電話が長くて深刻そうだ。保護者対応をしているんだろう。話を聞く必要がありそうだ」
　このような感じで職員室の動きが把

筆者の席から。遠くまでよく見える

握できます。逆に言えば，そういう場所に座っているのであれば，自分の仕事をしつつ，一方で職員室内外の動きにも注目することが大切になってきます。

　もう1つは**「情報が入りやすい」**ということです。そばにいる教務主任や事務職員から報告や連絡，相談が頻繁にあります。その他の教師からも，頻繁に情報が入ってきます。また，誰かから聞かずとも，自然と情報が見えてくることもあります。

　いわば，情報が集中する「センター」とも言えるのです。校長室にいる校長よりも細かな情報が，副校長・教頭に入っているはずです。

☑ 情報が入りやすくなる雰囲気づくりを

　センターに座っているわけですから，副校長・教頭は「情報が流れるしくみ」を自ら止めてはいけません。

　教職員から情報が入りやすい雰囲気をつくったり，自ら校長や周囲に必要な情報を伝えたりしなければいけません。例えば，休み時間に学級担任が職員室に戻ってきたときには，パソコンの画面から目を離して全体を見渡してみましょう。困っているような雰囲気の学年があったら，こちらからそばに行って話しかけるのもいいでしょう。

　大事なのはいつでも副校長・教頭が「話しがしやすい」と思われているかどうかです。忙しいのは事実ですが，常に忙しい雰囲気を出していると，教職員からの情報も止まってしまいます。「話しかけてもいいですか？」…こんな言葉で話しかけられたら，自分の日ごろの態度を見直しましょう。

情報が集中するセンターに座っているのは，副校長・教頭の強み。情報の流れを止めないように，職員室内外に注目して，情報が入りやすい雰囲気をつくる。

第2章
副校長・教頭は
職員室の担任

13 ライフステージに応じた人材育成を考える

ライフステージを意識することの大切さには，なかなか気がつかないものである。
それを教えるのも，管理職として大切な役目である。

☑ ライフステージに応じた目標・役割を伝える

　長い教員生活を大きく分けるなら，おおよそ次の3つのステージになります。

> 第1ステージ（20代〜30代半ば）………教師としての基礎を学ぶ世代
> 第2ステージ（30代半ば〜40代後半）…学校の柱として活躍する世代
> 第3ステージ（40代後半〜退職）………リーダー，後輩を育てる世代

　それぞれが大事なステージです。また，それぞれのステージは「第1ステージ前期・中期・後期」というように，さらに細分化できます。
　それぞれのステージでの役割を自覚している場合とそうではない場合で，学校組織への貢献度が違ってきます。
　副校長・教頭にとって大切なことは，このような**ライフステージに応じた目標や役割を意識させる**ことです。
　例えば，第1ステージの若手教職員であれば，「一番勉強したい教科，得意としている教科は何ですか。『自分は国語を校内で一番勉強している』と言えるようになるといいね」というように目標づくりのヒントを出します。

第3ステージの教職員にも「後輩を育てる」という大切な役割があります。
　ある校長が，50代の教職員に向けて「先生方のもっている財産をぜひ若手の先生方に伝えてください。先生方は私も含め『輝ける50代』なのですから」と話されました。後で「校長先生，『輝ける50代』の話，うれしかったです。ありがとうございます。もうひと花咲かせようと思いました」と退職間近の方が語ったそうです。
　校長の一言が，第3ステージも終盤の先生の心に火をつけたのです。

☑ OJT研修の大切さ

　どの世代もそれぞれの目標を実現させる効果的な方法としてOJT（On the Job Training）研修があります。教育現場における日常の職務を通して，教員として必要な知識や技能等を高めていく研修です。
　基本的には，若手を育てるために，中堅・ベテランがアドバイスをする，という仕組みをつくります。
　若手には，「子どもたちのためにもっともっと学習することが必要だ」という自覚をもって，先輩から学んでもらいます。一方，中堅・ベテランには，自分が学んできたことを積極的に伝えてもらいましょう。そのような場を設けたり，仕組みをつくったりするのが副校長・教頭の仕事です。
　このように，**OJT研修の過程を通して，中堅・ベテランも教師としての自分の立ち位置や考えを内省することになる**のです。それが各自の心に火をつけることになります。

心得13
まずは，ライフステージとそれぞれの目標や役割を自覚させる。
そしてOJT研修等により，それが実現する仕組みをつくる。
それぞれの世代の心に火をつけるのが副校長・教頭の役割である。

第2章
副校長・教頭は
職員室の担任

14 教職員面談は意欲喚起の場

校長と同席する教職員面談。
人事評価の一環だが，適切なアドバイスと事前・事後のアクションで，職務意欲を何倍にもアップできる。

☑ せっかく行う教職員面談だから…

　どの学校にも，定期的な教職員面談があります。教職員が事前に職務上の自己目標を一定の様式に記載し，それを基に管理職が面談をします。教職員評価の取り組みの1つですが，本人の職務能力の向上や組織活性化もねらいの1つです。

　しかし，時間切れで不十分な話し合いになったり，いつの間にか学級経営の相談タイムに変わったりして，上のような趣旨に沿わずに終了という場合が少なくありません。

　本人も管理職も貴重な時間を割くのに，何とももったいないことです。

　ここは副校長・教頭の出番です。まず，教職員面談の方法を事前に校長と相談し，次のようなことを決めます。

- ●面談の流れは，
　本人の達成状況説明 ➡ 質疑 ➡ 校長の助言 ➡ 副校長・教頭の助言
- ●司会は副校長・教頭が行う。
- ●事前に教職員に面談の意義や準備することを伝える。

面談の準備は管理職にも必要です。

私は特に，教職員一人ひとりの実態をつかむことに努めています。

例えば，本人に課題としていることやどんな取り組みをしているかを事前に聞き取ります。そのことによって，面談では「こんな取り組みもしていますよね。説明してください」というように，より詳しく説明してもらうことができます。

☑ 面談だけではなく，その後の声かけこそ重要

面談の時間は限られています。

その中で校長とは別の視点から次のような助言をします。

- 事前に見たその教員のよさを具体的に指摘する。
- 今何をすべきかといったライフステージを意識したアドバイスをする。
- 課題点についても受容し，支援していくことを話す。

副校長・教頭も，学級担任時代に保護者との面談を長年行っています。

考えてみたらそれと同じです。その子のよさを認め，今後の見通しをもたせ，課題点については支援を約束する。シンプルなことです。

そして**何より大事なのは，面談後，教職員一人ひとりを見続け，声かけすること**です。面談内容に合った課題に取り組んでいたなら積極的に声かけをします。メモによるアドバイスもよいでしょう。「管理職は自分を見てくれている」と，職務意欲が何倍もアップするはずです。

教職員面談はわずかの時間だが，事前・事後にアクションを起こすことでその効果は高まる。
その日だけが面談ではない。

第2章
副校長・教頭は
職員室の担任

15 雑談から学級担任の様子を知る

 職員室内で日常的に交わされる雑談。
仕事に関する雑談は歓迎すべきである。
そこから見えてくるものがある。

☑ 「まじめな雑談」のすすめ

　副校長・教頭にもいろいろなタイプの方がいます。話好きの人もいれば，黙々と実務を進めるタイプの人もいます。

　ただ，どんなタイプでも，「教職員との雑談は苦手」というようになってはいけません。

　「面談の場で先生方の思いは聞いている」「雑談は小手先のコミュニケーションに過ぎない」と考える人もいるかもしれません。

　しかし，**教職員や学級のことを知り，そして管理職としての自分の考えや思いを伝えるために，雑談は大切なツール**です。そこから信頼関係が芽生える場合もあります。

　もちろん，ここでの雑談はあくまでも仕事に関する話です。髪型・服装やプライベート，趣味の話といったものは副校長・教頭から積極的に話す必要はありません。過度の場合，セクハラと勘違いされる危険もあります。

　例えば，子どもが職員室に落とし物を届けてくれたときに，「3年2組のゆうきさんが，廊下に落ちていたヘアピンをもってきましたよ。しっかりとした態度でした」といったことを話すので十分です。そこから，「あの子はいつも気が利くんです」といった子どもの雑談になったら，子ども理解の場

になりますし、ときには学級担任の子ども観にも触れることができます。

また、廊下巡視でたまたま見えた授業のことで、「今日はテレビに武家屋敷の絵を大きく映していましたね。あれは効果あったでしょうね」と話しかけたら、日常的な ICT 活用についての雑談ができるかもしれません。そのときに、さりげなく自分の授業観を伝えたり、あるいは「もっと機器を増やしてほしい」といった要望も聞いたりできます。

ちょっとした雑談でも、アクション次第で教職員とのコミュニケーションを深めることができるのです。

☑ 心身面の不調を知る手がかりに

教職員の心身面の不調は、学校運営にとって大きなマイナスです。

日常的に雑談ができていると、そういった面での声かけもしやすくなります。些細なことでも、変化に気がついたら、

- この頃、体の調子はどうですか？
- 毎日遅くまでお疲れさまです。調子はどうですか？

といった言葉をかけてみましょう。そこから、日ごろの体調不良や抱えている悩みを知れたりします。「ときにはしっかりと休養をとりましょう。学級のことは心配しないで」という一言が、学級担任にとってどれほど心強いかわかりません。「自分のことをわかってもらえている」のは大きな支えになります。そのような信頼関係につながる雑談こそ「最高の雑談」なのです。

たかが雑談。されど雑談。
教職員のことを知り、自分の考えも伝えることができる「最高の雑談」をしよう。

第2章
副校長・教頭は
職員室の担任

16 先輩として学級担任時代の仕事術を公開する

 教職員に仕事術への興味をもってもらうため，自分の仕事術を進んで公開しよう。
自分の学級担任時代のものは後輩の参考になる。

☑ 逆の立場だからこそ見えてくるもの

　副校長・教頭になって，立場が変わって見えてくるものがあります。それは教職員一人ひとりの仕事ぶりです。

　学級担任時代は，他の人の仕事ぶりを見る余裕はなかったでしょうが，副校長・教頭は校務の整理を担当する立場なので，自然と目が行きます。

　そして，一人ひとりの仕事の仕方にも目が行きます。例えば，提出物1つとっても，タイプによって出し方が違うことに気づくはずです。

- A先生は，いつもその日に提出物を書いてしまうタイプ。
- B先生は，ギリギリまで提出しないタイプ。締切に遅れ，ときには催促しないといけないときもある。

　一人ひとりの仕事の仕方はなかなか変わりませんが，**学校にとっての不利益と思われるような仕事ぶりは改善していかなければならないのも事実**です。

　そのようなときには，自分自身が担任時代から実践してきた仕事術が役立ちます。例えば，簡単な提出物のときには，「その場主義」を貫くということです。配付されたら，どんな状況でもその場で書けるところまで書くとい

うものです。休み時間に机上にアンケートがあった。教室に戻るまで5分ある。すきま時間を利用してどんどん書こう，といった具合です。全部終わらなくても構いません。次に職員室に戻ったときに，続きを書いて出してしまいます。これが，その場主義という私の仕事術の1つです。こんな例を職員会議時に話したり，通信に書いたりして，教職員に公開するのです。他の人の仕事術の話を聞くことは少ないので，新鮮な思いで聞いてくれるはずです。

他にも，「締切日は信頼確認日」という話もします。

- 締切日は「そこまで出さなくてよい日」ではなく，「仕事ぶりが信頼できるかどうかを確認されている日」である。
- 未提出の人が1人いるだけで担当者は余計な時間をとられることになり，それが学校にとっての不利益となる。

仕事術の根底にあるこのような話をすると締切日の大切さが理解されます。

☑ 管理職の仕事術は自然公開されている

副校長・教頭には，学級担任時代の仕事術の財産が多くあるはずです。それはもはや自分だけのものではなく，後輩のためのものでもあります。自分が行ったことは「1つの例ですが，学級担任時代私は…」と公開しましょう。

同時に，管理職の立場として実践している仕事術は，自然公開されていると心得ましょう。特に，**多忙でも涼しげに仕事を行うことで，次に続く世代の人も「副校長の仕事ぶりを真似ていこう」と思うようになる**ものです。

学校に不利益と思われる仕事ぶりは改善が必要。
担任時代の仕事術の公開は，改善の一助となる。その際大切なのは，「根底にある考え」。遠慮せずに伝えていきたい。

> 第2章
> 副校長・教頭は
> 職員室の担任

17 「一人職」の教職員の働きぶりに目を配る

学校には「一人職」の教職員が存在する。
養護教諭、栄養教諭、事務職員、図書館司書、用務員…、その働きぶりに目を配るのは、副校長・教頭の重要な役目である。

☑ まずは関心をもち、感謝することから

　学校には1人で担当する仕事をしている教職員がいます。いわゆる「一人職」です。

　一人職の仕事は、かつて経験した学級担任と異なり、副校長・教頭は未経験です。それゆえにその仕事内容をすべて理解しているわけではありません。

　しかし、「学級担任にはあれこれアドバイスしたりコミュニケーションをとったりするが、一人職はよくわからないから接点が少ない」ということになってはいけません。

　一人職の教職員も、今まで多くの管理職に接してきています。

　当たり前のことですが、**自分の仕事に注目や理解をしてくれる管理職だったら意欲も高まる**ものです。

　まずは一人職の仕事に注目しましょう。

　保健室や図書館、作業室の現場に足を運ぶことをおすすめします。また、保健日誌のような提出文書も、見るだけではなく、「昨日と違う点を探す」といった視点で見てみます。

　そうすると、関心がわいてきて、プロとしてのすばらしい仕事ぶりもわかりますし、自然と感謝の気持ちも出てきます。

今度はそのことをストレートに伝えてみましょう。

- 保健日誌を見ると，昨日はたくさんの来室があったようですね。大変だったことでしょう。
- 今日の給食で出た手づくりのすいとん，職員室で大好評でしたよ。思わず1年生にも感想を聞きました。
- 3階トイレのドアの修繕，ありがとうございました。すぐに直せるのはやはりプロですね。

担任時代，子どもたちのよい点を見つけ，認めてきた経験があることでしょう。基本は同じです。働きぶりを認め，そして感謝の気持ちを伝える。それが勤労意欲を高めることになります。

☑「いいですね＋質問」で興味を高める

「それほど頻繁に見る余裕などない」「大人をほめるのは苦手」…，そのような方もいるかもしれません。

もしそうであれば，「簡単な一言」と質問だけでもよいのです。図書館司書の先生に「この飾りつけいいですね。どうやってつくったんですか」と聞いてみましょう。相手にとっては「自分の仕事を説明する」ことになり，こちらは「相手の仕事を理解する」ことになります。

無理にアドバイスをする必要はないのです。注目し，理解するだけでも，一人職の教職員の働きぶりは変わってくるのです。

関心をもち，感謝の気持ちを伝えることは，一人職の教職員を輝かせることにつながる。
「いいね＋質問」といったシンプルな働きかけだけでもよい。

> 第2章
> 副校長・教頭は
> 職員室の担任

18 補欠授業は子どものよさを学級担任に伝えるチャンス

学級担任に代わって授業に入るときがあったらチャンス。「子どものよさを見つけるチャンス」、そして「そのよさを担任に伝えるチャンス」でもある。

☑「○個のよさを伝える」と決める

　学校事情で、ある学級に入らなければいけない事態になりました。
　あなたは、「チャンス」と思いますか？　それとも「すべき業務があるのに仕方がないな…」と思いますか？　どちらにしても入らなければいけないわけですから、前向きにチャンスと思って授業をしましょう。では、何のチャンスなのでしょうか。それは、「子どものよさを見つけるチャンス」です。
　かつて勤務した学校で印象に残る教頭がいました。
　ことあるごとに「今日の10個」を話されるのです。例えば、「運動会、今日のよい点10個」ということで、気づいた点を10個話されます。一つひとつが「なるほど、そういう視点もあったか」とうなずくことばかりでした。
　あるとき「よく10個も見つけられますね」と聞くと、「最初から10個見つけるつもりでメモしているから簡単なものだよ」と答えられました。
　自分も真似てみると、レベルは違えども、見つけるつもりならわりと容易にできるものだと感じました。
　同じことを補欠授業でも行ってみましょう。何も10個でなくてよいのです。**「5年1組のよい点を5個見つけて、担任に伝える」**ということを補欠授業の「裏目標」にするのです。

> 　出張お疲れさまでした。2時間目の国語の授業で，5年1組のよさを5つ見つけました。
> 1　始める前に教科書・ノート・筆記用具の準備を全員がしていた。
> 2　ノート指導が行き渡っていて，一人ひとりが丁寧。
> 3　明るい子が多い。特に裕くんのユーモアセンスが素晴らしい。
> …

こんなメモを補欠授業後に残しておきたいものです。

☑ 補欠授業を「生きた時間」にする

　上のようなメモを残すためには，子どもたちのよさを観察しなければいけません。教師ですから，よさを見つければ子どもたちをほめる機会になります。**子どもたちも担任以外の先生にほめられるのはうれしいものです。**

　また学級担任も，出張中は「子どもたち，大丈夫かな…」と心配になるものです。そんな中，帰校後に子どもたちのよさを管理職から伝えられたら，自分の学級経営を認められたという思いになり，うれしさも倍増します。

　そのようなときは，補欠授業が「生きた時間」になったと感じられます。

　これが「業務があるけど仕方ない…」という意識で臨むと，スムーズに授業が進まないときには「他の仕事を犠牲に補欠授業をしているのに，この学級は何だ！」という気持ちになります。子どもや担任に対しても一言いたくなるかもしれません。当然それは望ましいことではありません。

補欠授業を「生きた時間」にできるかどうかは，心がけ次第。
「〇個いいところを見つけよう」という気持ちで教室に向かおう。
子どもも学級担任もそして自分も，全員がハッピーになる。

第2章
副校長・教頭は
職員室の担任

19 報告・連絡・相談の大切さを伝える

 報告・連絡・相談が大事，ということはどの組織でも言われる。教職員もその大切さを自覚しているはず。
それでも，それらが滞っているとしたら，理由は何だろうか。

☑ まずはすべてを受容するところから

「報告・連絡・相談の大切さはわかっていても，あの副校長にはしにくい」
「そうそう，すぐに『どうしてそんな指導をしたのか』と問い詰められる」
　こんな職場であれば，管理職がいくら「こまめな報告・連絡・相談を！」と叫んでも，風通しは悪いままです。
　「この管理職なら，何を話しても受け止めてくれる」「相談することで力になってもらえそう」…，そのような受容の姿勢がなければいけません。
　そのために，「都合の悪いことほど，すぐに報告や相談をしてください。皆さんのお話は責任をもって受け止めます。一緒になってどのようにしたらよいか考えます」と，**常々受容の姿勢を言葉でも伝えておくことが大事**です。
　もちろん，口だけではなく，実際にどんな報告・連絡・相談でも受け止めることが大切です。自分の考えと違うことでもすぐには反論せず，「このように考えるのはなぜだろう」とまずはその気持ちを推測するようにします。
　報告・連絡・相談を受けるのは，管理職ばかりではありません。各主任層も同様です。各主任層にも「まずは皆さんの悩みを受け止めてください。そして一緒に考えてください」と受容の姿勢の大切さを説くようにします。

☑ 管理職から相談することで合意を引き出す

　報告・連絡・相談は，何も部下からだけのものではありません。特に，管理職の側から相談するのはよい方法です。

　この場合，学校をよりよい方向にもっていくための「相談」という形で，担当者の賛意を引き出し，コミュニケーションを深めるというものです。

　例えば，学校の研究スタイルについて，ベテランの研究主任に新しい方法で研究会を運営してほしい場合，ストレートに「新しい方法で行ってください」と言っても抵抗があるかもしれません。

　そこで，次のように相談してみましょう。

> ●新年度の研究のことで相談です。お知恵を貸してください。今までの研究会で課題と思われる点は何ですか？
> ●同感です。発言者が増えることで多くの視点が生まれると思います。どんな形の研究会をご存じですか？
> ●なるほど。付箋を使えば若手教師も発言が増えそうですね。例えば，どんなふうに変えていけばよさそうですか？

　このような**質問形式の相談で，行いたい学校運営についての合意を引き出すことができる**のです。大筋の方向性でキーマンの賛意が得られれば，その教師も意欲が増します。さらに大事なのは，研究について管理職と相談する関係づくりができるということです。管理職側からの相談も大事なのです。

心得19
口で「報告・連絡・相談が大事」と言うだけではなく，それらを受け入れる受容の姿勢をもつことが大事。
ときには，意図的に管理職も部下に相談しよう。

第2章
副校長・教頭は
職員室の担任

20 オープンな雰囲気の職員室をつくる

> **CHECK** 学校によって職員室の雰囲気は異なる。前向きで活気のある学校の職員室は明るく，オープンな雰囲気があるものだ。

☑ 教職員にとってオープンな雰囲気の職員室

　管理職が変わると，職員室の雰囲気がガラっと変わる場合があります。

　それまでピリピリしていたのに，一人ひとりの心が開放的になり，オープンな雰囲気の職員室になった…。このような雰囲気をつくり上げるうえで，副校長・教頭の果たす役割は大きいものです。

　教職員が明るく楽しい職場は，一人ひとりがそれぞれの個性を発揮した実践をつくり出しやすいものです。そのためには，副校長・教頭が次のような姿勢でいることが大切です。

- 自分自身が開放的な心構えをもって，笑顔でいる。
- 本音や弱音を大切にして，「困りごとや相談をいつでも受け入れます」と公言している。
- 忙しくても，教職員の前では話を聞く余裕のある態度を示す。
- 外部の訪問者に対して「学校の顔」として明るく大切に接する。

　決して難しいことではありません。副校長・教頭がこのような姿勢でいれば，教職員の心も自然に開放的になります。

これらとは反対に，次のような姿勢でいると，職員室は居心地の悪い場になります。

> ● いつも難しい顔，深刻そうな表情で会話をしている。
> ● 忙しそうで困り事の相談もできなさそうな空気を出している。
> ● 教職員の考えや意見をすぐに否定してしまう。
> ● 外部の訪問者に冷たく，その評判が他校にも広まっている。

　常にこのような態度をとる管理職は珍しいでしょうが，ときとして似たようなことをしていないかセルフチェックしてみる必要はあります。

☑ 一定の節度も不可欠

　オープンであることが大事といっても，それは緊張感が緩んでいるというのとは違います。何事においても節度は大切です。
　例えば，大事な保護者との電話の際に，周囲のゲラゲラとした笑い声で話が聞き取りにくいとしたら，その保護者は学校に対して「子どものことで悩んでいるのに…」と不信感をもつことでしょう。
　業者さんが職員室内にいるのに，子どもの実名をあげて個人情報にかかわる会話をするのも，もちろん慎まなければいけません。
　オープンであるがゆえに，教職員が無意識のうちに行っている行動については，副校長・教頭がその都度適切な指導を行う必要があるのです。
　オープンな雰囲気と一定の節度が両立されてこその，よき職員室です。

> 副校長・教頭が開放的な姿勢でいることで，職員室もオープンになる。
> ただし，一定の節度は欠かせない。
> この両面への意識が必要である。

第2章
副校長・教頭は
職員室の担任

21 「教える」のではなく「引き出す」

 教職員に「教えたい」ことは山のようにある。
しかし，ストレートに教えてもうまくいかないときがある。
そんなときには「引き出す」ことを考えよう。

☑ コーチングで考えを「引き出す」

「コーチング」という言葉が教育現場でも広まってきました。「コーチ」の語源は「馬車」であり，そこから「大切な人を，現在その人がいるところから，その人が望むところまで送り届ける」という意味の動詞が生まれました。

そして，実際の運用では**強みを「引き出す」**ということが重要なキーワードになります。学校には様々なタイプの教職員がいますが，「引き出す」ことで各自のニーズに合わせた個別的なアプローチが可能になります。「職員室の担任」とも言える副校長・教頭だからこそ，取り組みやすい手法です。

☑ 質問・傾聴・承認のスキル

一般的にコーチングスキルでは「質問」「傾聴」「承認」が大切と言われています。これらを教職員とのやりとりに取り入れることを意識してみるだけで，コミュニケーションが随分と変わってきます。

例えば，以下は私が授業参観した先生との放課後の会話です（A：私，B：若手教員。授業は6年社会）

A　普段社会の授業で大事にしていることは**何ですか？**

B 工夫した資料を出して，子どもたちからたくさん発表があればいいと思っています。

A **なるほど，確かに**古墳の写真を実際に示していて反応を引き出していますね。では，今日の授業は自己評価で**何点ぐらいでしょうか？**

B 50点ぐらいです。資料提示をしたときはよいのですが，なかなか子どもたちから期待した反応が出てきません。

A それは，**どうしてだと思いますか？**

B 自分でも課題だと思っていますが，説明すればするほど子どもたちの反応が悪くなるような気がします。

A 「説明後の反応が悪い」**ということですね。確かに今日も**古墳の写真提示の後，3分ぐらい説明していました。そうであれば，説明を止めて「発問1つだけ」に**絞ってみたらどうでしょう？**

B 説明しないということでしょうか？

A 説明は反応後に必要な分だけするということです。これだと**どんなよい点がありそうですか？**

…

　ここでは，質問をしながら，相手の考えを引き出し，それを認めていくという手法をとっています。そして伝えたいことを提案し，そのよさを考えさせるようにしました。ストレートに教えるより時間はかかりますが，この手法は**納得度が高く，その後の意欲が持続しやすいというよさ**があります。

【参考文献】
千々布敏弥『教師のコミュニケーション力を高めるコーチング』（明治図書）

一人ひとりの教職員の考えを「引き出す」方法で指導力を発揮しよう。
納得度の高い成果が得られる。
コーチングはそのための効果的な方法である。

22 子どもの名前と授業論が出る職員室に

職員室の話題は,その学校の良し悪しを示すバロメーター。どれだけ子どもの名前と授業論が出ているだろうか。それらが多いほど子どもや授業が大切にされている。

☑ 子どもの名前が出る職員室は,子どもが大切にされている学校

「よき職員室」かどうかのバロメーターの1つと言えるのが,**「職員室でどれだけ子どもの名前が出ているか」**です。

それが多い学校は,子どもの情報交流が盛んな学校と言えます。

- 「今日の家庭学習で,由貴さんが見本となるノートを書いてきたの。学年掲示板に貼っておきたいんだけど」
 というような自分の学級の子どものよさが自然と言える学年会。
- 「今日の自転車教室では,自転車に乗れない悟志くんはさみしい思いをするかもしれません。別の役割を与えてくれませんか」
 と子どもの実態に合わせた要望が出る打ち合わせ。

このように,子どもの名前が出る職員室でありたいものです。それは子どもが教職員間で大切にされている証拠だからです。

むろん,「子どもの名前が出ている」と言っても,「今日もA男が授業妨害をした。本当に困った子だ」といった悪口のオンパレードは別で,周囲もそんな話は聞きたくないものです。

そのような場合だったら,「A男にこのような対応をしていますが,なかなかうまくいきません。学年でも,学校全体でも見てほしくお伝えしました」というように,まずは知ってもらうことが第一です。それがその子を大切に考えている職員室です。

☑ 若手教師の役割は,授業について質問すること

　授業論は,なかなか職員室では話題にならないかもしれません。行事のための段取りや授業の進度は,学年会等で確認するでしょうが,具体的な授業論や授業方法については,研究授業の話し合い以外は少ないものです。
　ただ,若手教師がいたら別です。
　授業力を向上させたいと考えていれば,身近な先輩に聞きたいことが山のようにあるはずです。**副校長・教頭の役割は,そのような若手教師が職員室で先輩方に質問しやすい環境をつくること**です。
　そのために,先輩教師には「先生方が職員室で授業のことを話題にすることが,若手教師を育てることになります」と語ります。
　また,若手教師には「先輩方に授業についてどんどん質問することが大切な役割。それが先輩方同士も授業の情報を交流するきっかけにもなります」と質問を奨励します。
　そしてときには,副校長・教頭自身もその授業談義の輪の中に入るのです。このような形で,授業論が話題に上がる職員室づくりを先導していきたいものです。

> 心得22
> 子どものことや授業論が話題になる職員室をつくるのは,副校長・教頭の大事な役割。
> ベテラン,若手のそれぞれに合った働きかけをしていこう。

新任副校長 コラム

「なんで副校長先生になったの？」

　2日連続で補欠授業に入ったときのことです。
　補欠授業に入ったときには，可能な限り子どもたちと雑談をしていました。とても楽しい時間でした。

　そんな中で，3年生の子からある質問をされました。
「先生は，どうして副校長先生になったんですか？」
　詳しく聞けばどうやら「教諭から副校長」というルートでなるとは思っておらず，最初から「副校長先生」という仕事に就いたと思っているらしいのです。
「いやいや，一昨年まで中山先生（担任）と同じように担任の先生だったんだよ」
「へぇ，じゃあなんで副校長先生になったの？」
　再度同じ質問です。
　大人から質問されれば，むろん自分なりの答えはあります。
　しかし，子どもからはじめて聞かれ，即答できない自分がいました。
　少しして，「そうだね…，ほら，副校長先生になると，いろいろな学級に入って，みんなと授業したり，触れ合ったりできるでしょ。だから」と，一応「全校の担任」という視点で答えを言いました。
　その子は「ふ〜ん…」と言って，その場を去っていきました。

　確かにそうです…。副校長・教頭という仕事は，子どもからは見えにくいものです。
　世の副校長・教頭先生方は，同じように聞かれたら，どう答えるのでしょうか。

第3章
法規に基づいて学校をつくる

　教育をよりよくするために，法規は存在します。
　様々な法規があるからこそ，子どもたちが安心して教育を受けることができます。学校は法規によってつくられ，法規によって支えられているのです。
　教職員から質問を受けたときに，法規に基づいて答えられる副校長・教頭になりましょう。
　そして，法規を学ぶことの大切さを広めましょう。
　法規に強いことは，管理職としての基本なのです。

Chapter 3

第3章
法規に基づいて
学校をつくる

23 副校長・教頭の職務を法規から読み解く

CHECK 副校長・教頭の職務内容は学校教育法に明記されている。
そして，その位置づけは校務分掌図等にも表れている。
改めて，その職務を読み解いてみよう。

☑ 校務分掌図に表れている「補佐役」「整理役」の位置

ご存じのように，副校長も教頭もその職務の根拠規定が学校教育法に明記されています。

- ●副校長は，校長を助け，命を受けて校務をつかさどる。
  【学校教育法37条5項】

- ●教頭は，校長（副校長を置く小学校にあつては，校長及び副校長）を助け，校務を整理し，及び必要に応じ児童の教育をつかさどる。
  【学校教育法37条7項】

平成20年4月施行の「学校教育法等の一部を改正する法律」により，副校長職は新たな職の1つとして新設され，教頭職と違う部分はありますが，共に「校長の補佐役」であり，「校務を整理する」という点は同様です。

ここでの校務は，学校の仕事全般であり，副校長・教頭も校務に相当する「教育課程」「施設・設備」「事務」「教職員人事」「児童・生徒に関すること」「外部連携」等について，連絡・調整を行います。

また，補佐役として校長が判断できるように，情報収集したり，意見を具申したりすることも必要とされています。
　この位置づけが明確に表れているのが，各学校の校務分掌図です。勤務校の校務分掌図で確かめてみてください。
　校長から副校長・教頭に一本線が伸び，そこから次の線が伸びて，やがて各分掌に分かれています。つまり，**副校長・教頭はどの校務にもかかわる，校長の補佐役である**ことを校務分掌図からも知ることができるのです。

☑ 補佐役，整理役に大切なこと

　トップにはトップの，そして補佐役には補佐役の大切な役割があります。
　補佐役は，日常的な実務を確実に行い，校務にかかわる情報を適切に報告したり，時に進言したりする必要があります。さらに，危機管理時には補佐役の真価が試されます。校長の判断に基づいて教職員に指示を出したり，先頭に立って子どもたちや教職員を守る行動をしたりしなければいけません。
　また，整理役としても留意すべきことがあります。
　例えば，**校長と教職員の間のパイプ役**です。校長の学校経営方針の意図を，いかに教職員にわかりやすい形で伝えるかということです。特に，校長が新しい方針を打ち出したときには，補佐役としてその意義を具体的に理解する必要があります。時には**教職員同士のクッション役**になることも大切です。考えの相違や誤解から，教職員同士が思わぬトラブルになる場合や，勤務意欲を失う場合があります。それぞれの思いを聞きながら，よりよい方向にもっていくことも副校長・教頭の仕事です。

「補佐役」「整理役」というのは，副校長・教頭が常に心していなければいけないこと。その位置づけを自分の中で押さえて，それに見合った行動をしていこう。

第3章
法規に基づいて
学校をつくる

24 副校長・教頭に必要な法規の知識(1)

 学校が法律に基づいて運営されていることを考えると副校長・教頭には関連する法律の知識は不可欠である。
その中で教職員に関するものは特に重要である。

☑ 「勤務振替」「休暇」「出張」の判断は根拠をもって

　副校長・教頭であれば，学校にかかわる法律について広く知っておく必要があるのは当然のことです。しかし，特に教職員の勤務に関する対応は，基本的な知識があっても判断に迷うケースがときどきあります。

❶修学旅行に2日間行った教員から，「1日目の夜に子どもたちに指導した分についての振替はないのでしょうか？」という要望があった。
❷運動会の日に「我が子も同じ日に運動会なので，年次休暇がほしい」と言われ「1人なら大勢に影響はない」と考え，認めた。そのことを知った他の教員2名からも同じような申請があった。
❸特別休暇で健康診断に行った教員から，「精密検査の必要があると言われたので二次検査に行きます。これも特別休暇ですよね？」と確認された。
❹「夏季休業中に任意団体主催の自主研修会に参加したいので，出張扱いにしてほしい」と言われた。

　このようなケースで，あなたならどのような判断をされるでしょうか。も

ちろん最終的には校長の責任で判断がくだされることになりますが、それ以前に、副校長・教頭として「今回のケースはこの法規に…と書いています。だから…となります」というように、根拠をもって答えられるようにしたいものです。そのためには、**『教育関係者必携』を手もとに置いて関係法規や条例を随時調べる習慣を身につけておくことが大切**です。

また、別の可能性が想定されるときには、「即断しない」という判断も大切です。❷の例では、校務に支障を来す場合には年次休暇の時季変更権が行使される可能性もあり、その旨を話しておくことが必要です。

☑「職務上の命令」の範囲を知る

地方公務員法で、職務を遂行するうえで遵守しなければいけない義務の中で、勤務時間内に求められるのが「職務上の義務」です。

- ●服務の宣誓 【地方公務員法31条】
- ●法令等及び上司の職務上の命令に従う義務 【地方公務員法32条】
- ●職務に専念する義務 【地方公務員法35条】

この3つが該当します。このうち**「上司の職務上の命令」については、「監督権限を有する上司が発したもの」「職務に関わるもの」「不能ではないもの」という3つの要件を満たすものとされている**のです。

このような内容を知っていれば、実際に教職員に職務上の命令を出す時には、その内容が適切かどうかの自己判断ができるのです。

心得 24 　法律は、職員から問い合わせがあったときの判断根拠となる。
そのために、管理職として法律を調べ続けることが大切。
『教育関係者必携』や法律書に照らし合わせる習慣を身につけよう。

第3章 法規に基づいて学校をつくる

25 副校長・教頭に必要な法規の知識(2)

CHECK 「職務上の義務」と並んで「身分上の義務」の遵守も当然である。違反した場合、学校の信用が一気に失われることもある。副校長・教頭はそのために何をすべきか。

☑ 信用失墜行為の禁止と秘密を守る義務

地方公務員法で、地方公務員が勤務時間の内外を問わずに遵守しなければならない義務が規定されています。いわゆる「身分上の義務」です。

●信用失墜行為の禁止　【地方公務員法33条】
●秘密を守る義務　　　【地方公務員法34条】
●政治的行為の制限　　【地方公務員法36条】
●争議行為等の禁止　　【地方公務員法37条】
●営利企業等の従事制限【地方公務員法38条】

このうち、懲戒事由で多いのが信用失墜行為です。交通事故、セクハラ、わいせつ行為等、多岐にわたります。児童・生徒を指導する立場に教職員があるという観点から、一般の地方公務員より厳しい懲戒処分を受ける可能性があります。学校への信用を失わせないためにも、高い倫理観が必要であるということを、副校長・教頭は繰り返し教職員に話す必要があります。

また、秘密を守る義務は、職場内だけでなく退庁後も、さらに在職中だけでなく退職後にも及びます。特に注意しなければならないのは、電車や懇親

会といった職場外の場所です。緊張感から解き放たれ，うっかり話した内容が，関係者に伝わる可能性があります。**公共の場ほど注意しなければならない**のです。そのような具体例を示して注意を促していくようにします。

☑ 選挙運動の禁止事項は勤務時間中や設備利用に注意を

　地方公務員は，政治的中立性の確保を目的として，政治的行為が制限されています。特に教職員は，地方公務員という身分ではあるものの，「政治的行為の制限については，（中略）国家公務員の例による」と教育公務員特例法で規定されています。

　選挙運動については，統一選挙等のたびに「教職員等の選挙運動の禁止等について」という通知が文部科学省から出されています。

　教職員の地位を利用した選挙活動を行わないのはもちろん，注意しなければいけないのは日常の校内での活動です。例えば，先の通知には次のような違反例が紹介されています。

> ●勤務時間中において，いわゆる紹介者カードの記入・作成等の職務と関係ない行為を行うこと。
> ●勤務時間の内外を問わず，選挙運動等のために，公の設備である学校の電話，FAX，パソコン，コピー機等を用いること。

　これらについては，**教職員が無知のまま行っている場合がある**ので，それについて指導をするのも管理職の役割です。

心得 25 　「身分上の義務」に違反する事例は，身近なところに潜んでいる。より多くの具体例を知り，それを教職員に教えることは，自校の信用と教職員を守ることにつながる。

第3章
法規に基づいて
学校をつくる

26 適正な勤務管理のための取り組みを行う

 教員の仕事は無限である。遅くまで働く教員も多い。「自分もかつては時間を忘れて打ち込んだ」という経験があっても，管理職ならそうはいかない。

☑ 管理職としてすべきことは適正な勤務管理

　平成18年度の文部科学省調査（教員勤務実態調査）によれば，小・中学校教諭は平均で月34時間の残業を行っていることが明らかにされました。また45分間保障されているはずの休憩時間が，実際には10分未満であることも同じ調査で判明しています。さらに多くの教員が持ち帰り仕事をしているのが実情です。

　下の表でわかる通り，毎日平均で11時間近く勤務しています。

教員の1日あたりの勤務時間（小中平均・第1期7月分）

児童生徒の指導に直接的にかかわる業務	6時間27分
児童生徒の指導に間接的にかかわる業務	2時間24分
学校の運営にかかわる業務及びその他の校務	1時間43分
外部対応	22分
合計	10時間56分

「教員勤務実態調査」（平成18年・文部科学省）より

　公立学校教員の場合，本来の勤務時間は多くの場合1日7時間45分であり，1週間あたり38時間45分です。これは労働基準法や・地方公務員法の規定に基づき，条例で決まっています。

教員の時間外勤務については、教職調整額を支給し、時間外勤務を命じることができる場合は超過勤務４項目に限定されています。
　そのように規定されていながら、先のような実態があることについて、**「かつて自分もそうだったから」と考えてはいけない**のです。適正な勤務管理を図っていくのが副校長・教頭の役割です。

☑ 勤務管理のための取り組み

　勤務管理の取り組みには、次のようなものが考えられます。

> ●会議や研究会を減らす。行う場合にも短縮化を目指す。
> ●慣例で行っている取り組み、行事を思いきって削減する。
> ●事務の効率化を図る。
> ●個別の時間外勤務状況を管理職が把握し、実態を会議等で話題にする。
> ●退庁時刻が遅い教員に個別に働きかけをする。
> ●校務分掌が過重になっている教員には負担軽減を図る。

　このような取り組みの重要性はこれまでにも言われていますが、「絵に描いた餅」と諦めている風潮があり、それを変えるのが管理職の役割です。
　「時間をかけてはいるが、子どもたちや教員のためになっていない」というものは、思い切ってなくしてみましょう。心配の声があっても、「その分を子どもたちのための時間の確保に注ぎましょう」と働きかければ、賛同を得られるはずです。

> 適正な勤務管理の取り組みは、副校長・教頭が先頭に立って行う。
> それは教員が楽をするためではない。
> 子どもたちに向き合う時間を確保し、よりよい教育をするためである。

第3章 法規に基づいて学校をつくる

27 学校表簿の管理は適正に

 法規にも定められている学校表簿。教諭時代にはあまり縁がなかったものでも，管理職になればその作成・管理は重要になってくる。

☑ 学校表簿を適切に作成・管理する

　学校表簿は，学校の管理運営や教育活動にかかわる文書のことです。特に学校に備えなければいけないものとして，学校教育法施行規則第28条に「日課表」「学校医執務記録簿」「学校日誌」「出勤簿」「指導要録」「出納簿」等が記載されています。これらの作成・保存は校長の責任で行われます。**副校長・教頭には，学校表簿の管理や把握を行い，校長に的確な情報を提供することが求められる**のです。

　学校表簿の管理や把握では，次のことに留意する必要があります。

❶表簿の作成を正しく行う

　開示や監査の際にも自信をもって公開できるように，表簿は正確に作成します。

　内容によっては，教務主任や事務主任等が直接作成や管理に携わっているものもあり，その力量形成のためにも，表簿作成の目的や意義を伝え，副校長・教頭はチェックを充実します。

❷管理体制を的確にする

　表簿の保管や収納体制を的確に整えます。

　それまでの慣例で，学校表簿が担当者しか置き場所がわからないようなこ

とになっていないでしょうか。また，重要書類は耐火金庫に保管しますが，その閲覧のルールも周知します。

意外と見落とされがちなのが，保存期間を過ぎた文書の処理です。適切な廃棄をしないまま次の担当者に引き渡すと，その人に仕事を先送りしてしまうことになる，ということを指導する必要があります。

❸タイムリーに作成の意義を伝え指導をする

教諭には，「学校表簿にかかわる仕事は管理職や事務の仕事。自分たちにはあまり関係がない」という意識があります。そのため，担任が作成する出席簿が適切ではない記載になっている場合もあります。

このような場合には，法令に照らして学校表簿を正しく作成する意義を伝え，具体的な記載方法を指導するようにします。

☑ 学校表簿から見えてくる情報を教職員の指導に生かす

「学校表簿を作成し，管理すれば終わり」というのでなく，そこで得た情報を校長に適切に報告したり，教職員の指導に生かしたりしたいものです。

例えば，出席簿に月に数回の遅刻があり，その情報が管理職に伝わっていなかったとします。その子の遅刻の理由を確認するとともに，気になる兆候は学年主任，児童生徒指導主任にも報告するように指導をします。

出納簿・予算帳簿で学年会計の内容が学年によって異なっている場合には，会計のルールや方針が徹底されていない可能性があります。その点での共通理解を図るように指導をします。

このような視点は，文書の先を想像することで見えてくるのです。

心得 27

まずは学校表簿の作成・管理体制を調べ，適正に執行する。それだけではなく，文書の先を想像し，学校表簿から見えてくる情報を教職員の指導に生かすようにする。

第3章
法規に基づいて
学校をつくる

28 教育委員会と連携する

副校長・教頭になると，教育委員会との連絡が頻繁になる。教育委員会から学校に来る情報，学校から教育委員会に伝える情報，その両者とも副校長・教頭を通るからである。

☑ 教育委員会の目指すところを教職員に伝える

　県費負担教職員の任命権者は都道府県教育委員会です。ただし，その服務監督をしているのは，小中学校の場合には市町村の教育委員会です。教職員はその管下にあります。

　その点では，市町村教育委員会と学校の連携は重要です。

　その第一歩は，教育委員会の目指すところを教職員に伝えることです。

　どの教育委員会にも，「今年度の重点」「今年度の指針」というものがあります。場合によっては，その具体目標において「中学校の不登校率を0.5%に減らす」といった数値を掲げているところもあります。

　管理職は教育委員会関係の会議に出席するので，その内容もよく理解しているのですが，一般の教職員は細かなところまではなかなか理解しにくいものです。

　そのため，重点施策のために資料や調査が来ても「この資料はどのように使うのだろう」「何のための調査なのだろう」といった反応になりがちです。

　これは管理職の責任です。**まずは，職員会議等で時間をとって教育委員会の施策の説明をする時間を確保すること**をおすすめします。年度当初が望ましいのですが，それだけにとどまらず，定期的に繰り返すことで教職員に情

報として定着します。

また，日常的に教育委員会から伝わってくる多くの情報の中で，重点施策に合致している重要なものについては，伝え方を工夫します。例えば，関連資料をコピーして「市では道徳教育をこのように推進しようとしています。これはそのための重要な資料です。教務部の先生方でこの内容に基づいた計画を考えてください」というように伝えます。

☑ 教育委員会に情報を伝える

教育委員会から情報を受け取るだけでなく，学校から教育委員会に情報を伝える機会も少なくありません。

例えば，依頼された各種提出物や報告書です。一般的には副校長・教頭から各担当に指示を出して作成させ，校長の決裁を経て提出します。

ところが，担当者が教育委員会の指針を知らないと，それらが適切に作成できない場合があります。そのようなときでも**「自分が作成した方が早い」と思わずに，説明を加えて指導する**のです。それが部下を育てることにつながります。

また，依頼された内容だけではなく，副校長・教頭自ら教育委員会の重点について「自分の学校についてはこういう実態があります」といった説明ができるようにしておきます。例えば，教育委員会が体力向上を重点に掲げているとしたら，新体力テストにおける自校の結果と全国平均の比較分析がすぐに言えるようでなければいけません。問い合わせが来た際に，即答できるようにしておくことが必要なのです。

心得28
教育委員会の重点に関する情報を的確に伝え，その情報を自主的に把握するのは副校長・教頭の役割。
それは部下を育てることにもつながる。

第3章
法規に基づいて
学校をつくる

29 予算編成・予算管理の重要性を意識する

学校の予算は管理職や事務職員だけが考えることではない。教職員全員が予算に関心をもち，考えていくことが，無駄使いを減らすことにもつながる。

☑ 予算編成の方針を学校全体で考える

　学校予算についての関心は，事務職員の担当者以外はあまり高くはありません。例えば，昨年度の学校予算について項目ごとにおおよそいくらぐらいだったのかを知っている教職員は多くないでしょう。

　学級担任が「小黒板がほしい」といった教材・教具への要望を出す際も，学校全体の予算編成のバランスや長期的な編成は視野に入れていません。

　副校長・教頭は，そのような教職員に予算編成への参加を通じて，関心を高めてもらう必要があります。具体的には次のようなことが考えられます。

❶学校の経営方針と一致させた予算編成を行う

　一般的に，備品の希望をとると，「不足しているもの」についての要望が各担当から出されます。それらについて平均的に扱うとなると，予算編成の考えが欠如したものになりがちです。

　予算編成は学校の教育目標の実現のためのものです。その点では，学校経営方針と一致させた予算編成を管理職がリーダーシップをとって行う必要があります。

❷予算編成説明会を行う

　先のように，管理職が予算編成でリーダーシップをとるためには，説明責

任が必要となります。
　短時間でよいので予算編成の説明会を開きましょう。

> ●今年度，本校では体力向上に力を入れています。それに関する予算に重点を置きます。
> ●授業の質を高めるためのICT活用に力を入れます。関連機器を2年計画で整備します。

　このような予算編成にかかわる学校全体のビジョンを示し，各自がそれに沿った希望を出すように促すのです。
❸**新たな教材・教具・備品の紹介と使い方の留意点を話す**
　実際に教材・教具・備品が来たら，その紹介をしたり，活用ミニ講習会を開いたりすると，活用度が高まります。

☑「予算のむだ使いはしない」という姿勢を自ら示す

　購入時だけでなく，運用も厳しくみる必要があります。学校では多くの紙やインクを消費しコピーをとります。「自分の懐が痛むわけではないから…」と各自が自由に使っていたら，学校の倹約意識は薄いと言わざるを得ません。
　「自分たちの給料や学校予算は税金によって賄われていること」「それだけでなく，学級費のように保護者が負担している費用も多いこと」を日ごろから話し，自ら裏紙利用や消灯を実践していきます。その姿を見せることが教職員に広まり，やがて環境教育の1つにつながっていくことにもなります。

> 予算編成は，学校教育方針を重点化した観点で考えていく。
> そのための説明や活用のための会議は欠かせない。
> 無駄使い防止の先頭に立つことは，子どもたちのためにもなる。

第3章
法規に基づいて
学校をつくる

30 コンプライアンスの目指すべきところ

 近年よく聞くようになった「コンプライアンス」という言葉。「法令遵守」と訳されるが，この意味だけではないことを理解しよう。

☑ 校内のコンプライアンス意識を高める

　コンプライアンスは「法令遵守」と訳されます。地方公務員であれば，各種の法令に基づいた行動を求められます。

　しかしながら，体罰，ハラスメント，個人情報の不適切な扱い等，教職員の法令違反による不祥事は後を絶ちません。当たり前のことですが，管理職は教職員に対してコンプライアンス意識を高めなければいけません。

　まずは，知識としての法規を具体的に教えることです。

　例えば，体罰防止であれば「どのような行為が体罰となるのか」ということを具体的事例で教えるのです。「長時間にわたっての正座」「用便を許さない」等，殴る，蹴ること以外の体罰の事例がいくつもあります。

　逆に，次のような体罰ではない事例（例「授業中，教室内に起立させる」「清掃活動や当番活動を多く割り当てる」「生徒からの暴力を止めるために仕方なく体を押さえつける」等）を教えることも必要でしょう。

　また，法令で意外と軽視されるのが著作権です。授業以外の場面（例えば研究会）でワークブックや教科書を許諾を得ずにコピーしているという例はないでしょうか。新聞記事も同様です。

　「知識がないために教職員が違法行為をする可能性がある」ということを

副校長・教頭として認識し、校内におけるコンプライアンス意識を高める必要があるのです。「法令にいい加減でも構わない」というような風土がある学校においては、特に必要です。このような風土が続いていると、取り返しのつかない不祥事が起き、学校が大きな信用を失う可能性があるのです。

☑ コンプライアンスは最終的には住民等の利益や信頼を目指すもの

コンプライアンスは、法令遵守だけを意味するものではありません。
「住民等の利益や信頼を目指す」という考えもあります。例えば、岩手県では次のように定義されています。

> 法令により禁止はされていませんが、「それを行ったら住民等の信頼を損なうと考えられる行為」は行わない、法令に直接定められていないが「それを行えば住民等のためになる行為」を行うことがコンプライアンスです。
>
> (平成22年「岩手県教職員コンプライアンス・マニュアル改訂版」より)

このように考えると、**コンプライアンスは、決して「法令違反してはいけない」というマイナスの意味だけではなく、「住民等のためにプラスの行為をしよう」という意味にも解釈できる**のです。そして、一番のプラスの行為は、各自が子どもたちのために自分に与えられた職務を全うすることです。それが住民に信頼される学校になる第一歩です。

心得30 教職員が法令違反の具体例を知らないのは管理職の責任。コンプライアンスが「住民等の利益や信頼を目指す」という解釈も含め、積極的に伝える必要がある。

31 呼びかけだけに終わらない不祥事防止の方法

不祥事はそれまで築き上げた学校の信用を一気に崩す。
その防止策を推進するのも管理職の大事な役目。
日常的な呼びかけ以外の方法も考えていこう。

☑ 不祥事防止を協働の取り組みにする

　酒気帯び運転，わいせつ行為，体罰等の教師の不祥事は，学校がそれまで築き上げた信用を一気に失わせます。特に，学級担任が不祥事を起こした場合には，子どもへのダメージも大きなものになります。

　また，報告や信用回復のためのエネルギーも相当なものを要するため，一個人が起こした不祥事であっても組織全体にかかわる重大事なのです。

　最終責任者は校長ですが，日常的に職員室で教職員と接しているのは副校長・教頭です。自ら不祥事防止を推進する役です。

　不祥事が他校で起きたり，通知が来たりするときには防止の呼びかけをするでしょう。それだけではなく，ぜひ取り組みたいのが次のような**組織で協働で行う不祥事防止の取り組み**です。職場全体に「不祥事は起こさない」という風土をつくっていくためです。

❶定期的に話題に出し，不祥事防止についての関心をもってもらう

　不祥事の可能性が身近にあることを知ってもらうために，職員朝会，職員会議では関連する話題を資料として出して紹介します。また，他校で不祥事例が出た場合には，タイミングを逃さず話題にします。

❷ケーススタディを用いた話し合いの場をつくる

　学期に1〜2度，不祥事例を基に「どこが問題か」「どのようにしたら防止することができそうか」という観点で小グループでの話し合いを行います。その中で，協働で防止する意識を高めていくのです。

❸ミドルリーダーと協働で取り組む

　副校長・教頭だけが不祥事防止の旗振り役ではありません。主任層にその意義を話し，協働で取り組みを考えます。「〇学年宣言」といった主任ならではのアイデアが出てくることでしょう。

　重層的な取り組みの中で，「職場全体が不祥事防止に向かって取り組んでいる」という風土ができていきます。

☑ 個人は愛情をもって指導をする

　全体への指導だけでなく，個別的な指導も重要です。

　不祥事を起こす教職員には，何らかの予兆が見られる場合もあります。遅刻や提出物の不備が増えた，何か悩みを抱えていそう…といったことです。一人ひとりの様子を細かく見ることができなくても，気になる点があったら親しい教職員に事情を聞いたり，直接「このごろ体調はどうですか？　困っていることはありませんか」と尋ねたりしましょう。

　そのときに**大切なのは「管理する」という姿勢ではなく，同じ職場の仲間として「大事にする」という姿勢**です。だれしも愛情を注がれれば心を開くものです。そして，指導すべきは指導したうえで，事情に応じた勤務軽減やカウンセリングの専門家の紹介といった対応をしていきます。

心得31　不祥事防止の取り組みは呼びかけだけではなく重層的に行う。最終的には職場全体を「防止しよう」という風土にしていく。その中でも気になる個人には愛情が感じられる指導をしていく。

第3章
法規に基づいて
学校をつくる

32 「一般教養」研修をデザインする

管理職になれば，教職員向けの研修の内容も幅広く考える必要がある。これからの教員にどのような研修が必要なのか考えるところからスタートしよう。

☑ 新たに一般教養研修をデザインする

　職員研修といえば通常は「授業研修」が多いものです。別テーマであれば「学級経営」や「生徒指導」等も行われていることでしょう。基本的には，子ども対象の指導力向上のためのものがほとんどだと思われます。

　かつてはその担当者であっても，副校長・教頭となれば，そのような研修を直接担当することはなくなります。

　しかし，**副校長・教頭がデザインできる研修もある**のです。教職員の服務管理・勤務管理一般についてです。

　これらを広くとらえ，「一般教養」研修という形で，外部から講師を招いて2つの研修会を開催しました。2つの研修会とも教職員にとっては新鮮な学びとなったのです。

☑ 接遇研修—ホテルマンから学ぶ

　「接遇研修」と聞けば，一般企業（特にサービス業）がお客に対して接するマナーの研修と想像するでしょう。子どもを相手にする学校には関係ないと思われるかもしれません。

　しかし，学校現場にも外部からお客さんが多く来られます。保護者の方に

対しても適切な対応が求められます。そこで，学区内のホテルの支配人をお招きして「あいさつや笑顔のマナー」「身だしなみ」「職場内の人間関係のマナー」「クレームへの対応」等について学びました。

　最近の初任者研修で学ぶ機会もあるのですが，ほとんどの教員にとってはこのような研修ははじめてということもあり，**「一般社会人の常識を学ぶことができたのは新鮮だった」**といった感想が寄せられました。

☑ 職員室の情報整理学―専門家から学ぶ

　職員室における情報の整理は，教師にとって大変重要なことです。机上が書類の山で，大切な情報を探すのに時間がかかってしまうのでは，仕事の効率化は望むことができません。また昨今は，大切な個人情報が管理不十分でデータごと失われるというケースも増えています。

　情報管理への意識を高めるために，「整理学」の専門家を招いて書類の分類の仕方，ファイリングの仕方，そして情報整理の基本的な考え方を学ぶことができました。**「情報を探している時間は仕事をしていない時間」**というメッセージに，情報管理への意識も高まりました。

> 副校長・教頭だからこそデザインできる研修がある。
> 教職員にとって今何が必要かを判断し，一般教養を高めていこう。
> 外部人材はその宝庫である。

> 第3章
> 法規に基づいて
> 学校をつくる

33 ときには会議で法規のレクチャーを

学校のしくみは法規に基づいている。
しかし，日々教職員がそれらを意識することは少ない。
副校長・教頭から法規を知っていることのメリットを伝えたい。

☑ 法規を知っておくと視野が広がる

　かつて勤務した学校で，4～5月に様々な健康診断が集中していることについて，ある先生が，「年度の最初に健康診断が集中しすぎているのではないか。日常の授業にも影響があるので，一部を別の時期，例えば2学期に移すことはできないものか」と職員会議で発言したことがありました。

　もちろん，答えは「ノー」です。

　学校保健安全法施行規則に「健康診断は，毎学年，六月三十日までに行うものとする」と明記されているからです。

　学校の基本的なしくみも日々の教育活動も，基本的には法規に基づいて行われています。日々の生活の中で意識することはなくても，教職員として知っておいて損をすることではありません。

　副校長・教頭は，昇任する際に法規についても学んでいることでしょう。教職員に伝えるには校内では最適な人材と言えます。

　職員会議の時間の一部を使って，毎月1回法規についてのミニ・レクチャーをしてみるのはいかがでしょうか。

　例えば，「児童虐待の防止等に関する法律」であれば，児童虐待の種類や早期発見や通告義務について，具体的な法律を基に話をします。

何となく知っていることでも，実際の条文を見て「虐待は暴力だけではないんだ」「『児童虐待を発見しやすい立場であることを自覚し』とあるが，自分は強い自覚が足りなかったのではないか」という感想をもつだけでも意味はあります。その後，児童虐待の視点も以前より意識されることでしょう。
　レクチャーが無理なら，通信という形での紹介も可能です。
　クイズで「子どもが書いた作文を学年便りに掲載する場合，子どもの許諾なしにできる」といった身近な例を，法規とともに紹介すると，興味も高まります。

☑ 法規によって「守られている」ことを伝える

　法規について理解を進めると，同時に私たち教育公務員の身分が様々な点で「守られている」ということを知ることになります。
　例えば，多くの種類の特別休暇があります。身近なところでは夏季休業中に一定人数の夏季休暇があります。
　妊娠した場合には，産前休暇や産後休暇だけではなく，妊娠障害休暇（つわり休暇）や妻の出産による男性のための休暇などもあります。安心して子育てをするために，子の看護休暇もあります。
　また，公務員としての身分が保証されていることも法規に明記されています。
　これらの法規についてレクチャーすることで，**自分たちが法規に守られた環境の中で教育活動を実践していることを教職員に自覚してもらう，という大きな意味がある**のです。

心得33　短い時間でもよいので，法規について教職員にレクチャーしてみよう。教育活動の内容だけでなく，教職員の身分についても教えよう。各自の知識と視点が深まり，関心も高まる。

新任副校長コラム

職員会議のヒット企画

　新任副校長時代，自分が司会をする職員会議は重要な実践の1つでした。
　内容自体は通常の学校での職員会議と同じです。翌月の行事や指導にかかわる基本方針が示され，検討されます。共通理解も早く，議事進行はスピーディーな方でした。
　ただ，せっかくの共通理解の場ですから，議事の検討に加えて情報交流をしたいと思っていました。

　そこで，2学期から事務主任にお願いをして，事務職という専門分野からのレクチャーの場を設定しました。
　1回目は「給料表の見方」です。「教職調整額」「へき地手当」「扶養手当」等について説明してもらいました。概略はわかっても，その詳細まではわからないところが多いだけに，事務主任の説明をその他の教職員はみな真剣に聞いていました。
　プリントにアンダーラインを引く教師，何度もうなずきながら話を聞く教師，感想で「今度じっくりと給与明細を見ます」と述べた教師。
　自分たちが新しい知識を得る貴重な場となりました。
　私も「それぞれの手当の意義や背景を知ることは大事」と今回のレクチャーの意義を伝えました。

　この事務主任さんのレクチャーはヒット企画でした。翌月，翌々月と第3弾までシリーズは続きました。
　教職員にとって有意義な多くの情報が飛び交う。そんな職員会議になったのです。

第4章
情報を発信し，多くの人と対話する

　副校長・教頭になると，接する人の幅が広くなります。多くの保護者，地域や関係機関の皆さん，他校の教職員，そして業者さんや来校者…。それぞれが子どもたちの成長のための大切な人材です。
　その人たちに積極的に情報を発信してみましょう。情報は発信した人のところに返ってきます。多くの情報を発信すれば，その分，得る情報も多くなり，協力関係も築きやすくなるのです。

Chapter 4

34 保護者を知り，PTA役員と仲良くなる

 副校長・教頭になると，保護者やPTA役員の方々との接し方も教諭時代とは変わってくる。
学校のためにどのような接し方をしていけばよいのだろうか。

☑ 保護者を覚え，丁寧な接し方をする

　副校長・教頭になれば，保護者との距離も変わってきます。

　まず，担任時代と異なり，担任している子の保護者がいません。これは逆に言えば，保護者全員と平等に接することが必要ということです。

　その際**留意しなければいけないのは，「保護者を覚える」ことと「敬意をもって接する」**ということです。

　当たり前のことですが，保護者にとっては副校長・教頭が自分のことを覚えてくれている方が，覚えてもらえていない場合よりもうれしいものです。特に，登校渋りや特別な配慮が必要な子どもの保護者には，ときどき「このごろどうですか？」と声をかけてみましょう。

　学校全体でその子を見守っているはずですから，管理職が声をかけるのはその姿勢を表すことにもつながります。

　「敬意をもって接する」というのは，ごくごく当たり前のことです。

　副校長・教頭になると，保護者は「管理職」ということで学級担任とは違った見方をします。時には「担任の先生が厳しく怒るため，学校に行くのを嫌がっています」といった学級担任に話しづらいようなことを相談される場合もあります。

そのような場合，保護者に対して管理職として対応する必要があります。その際に敬意をもっているのとそうでないのとでは，保護者が学校の姿勢をどう受け取るかも違ってきます。保護者の言い分を敬意をもって聞くのも大事な管理職の仕事です。

　まして学級担任たちから，「あそこの親は文句ばかりで何もしてくれない」と問題視されるような保護者にこそ，副校長・教頭として丁寧にアプローチする必要があります。

☑ PTA役員はありがたい存在

　PTA役員はありがたい存在です。

　自分の仕事をもちながらPTA役員を行うというのは，簡単にできることではありません。「我が子の学校のため」という強い奉仕精神があってこそ，できることです。

　その点では基本的に学校の味方ですから，PTA担当になる副校長・教頭にとっても味方です。まずは積極的に心を開いて接していきましょう。

　日ごろからPTA役員とのコミュニケーションができていると，学校側の方針も伝えやすくなるのです。

　「各家庭でのテレビ視聴時間を減らしていきましょう」といった学校側が保護者にお願いするようなことは，PTA全体の運動として取り組むこともできます。

　時には，「もっと積極的にPTA活動に参加しなければ，学校のためになりません」といった苦言もPTA役員から話してもらえるのです。

心得34

保護者を覚え，敬意をもって接することが，保護者対応の基本。
PTA役員ともコミュニケーションを深め，学校の方針を伝える。
副校長・教頭として忘れてはいけない対応である。

第4章
情報を発信し，
多くの人と対話する

35 地域ボランティアを学校の応援団にする方法

「何かの役に立ちたい」。そのような思いで地域ボランティアの方は学校の活動に参加する。
そのような皆さんにどんなアプローチをしたらよいのだろうか。

☑ 地域の皆さんに感謝の言葉を伝える

「多くの地域のボランティアの皆さんに学校は支えられている」とつくづく感じます。

勤務校では子どもたちの登下校の安全を守る「見守り隊」が毎日要所に立って，交通安全指導や不審者対策をしてくださっています。ほとんどは，60代から70代の方々です。寒い冬でも，子どもたちのために1時間以上も雪の中で立っています。まったくのボランティアで，学校としては本当に頭の下がる思いです。

その方々がよく話されるのが，「子どもたちの元気のよいあいさつから，元気をもらっています」「子どもたちから『ありがとうございます』と言われると，学校を応援したいという気持ちになります」ということです。

ここに，地域のボランティアが学校とかかわるヒントが隠されています。子どもたちからあいさつされたり，感謝の気持ちを伝えられたりすることで，「この子たちのためになっている」「人々の役に立っている」という充実感を得ているのです。

当たり前のことですが，**子どもたちだけでなく，私たち学校関係者からも感謝の気持ちを伝える**必要があります。ときどき地域を回って「毎日ありが

とうございます」と直接感謝の気持ちを述べたり，校内で「感謝の会」を企画したりすることが，管理職としての重要な役割なのです。

このような姿勢は，教職員や子どもたちにとっても大切です。子どもたちが家族と学校の教職員以外の地域の方々に接することは，貴重な経験です。また，教職員にとっても「学校を支えている人々の存在」を意識することになるのです。

☑ 子どもたちと一緒に活動に取り組み，心の交流を行う

勤務校には，茶道クラブ，生け花クラブ，日本舞踊クラブがあります。それぞれ地域の方が子どもたちのためにゲストティーチャーとして担当教員と共に教えてくださっています。

指導してくださるだけでもありがたいのですが，この活動の最も大きな意義は，子どもたちとの心の交流です。

ゲストティーチャーによる生け花クラブ

生け花クラブでは，水盤の中に置かれた剣山に花の生け込みをします。そして，ただつくるだけではなく，子どもたちはノートに自分の生け花のスケッチをします。ゲストティーチャーはそのノートに温かいコメントを寄せて，子どもたちを励ましてくれます。生け花を通じての子どもたちとの心の交流がそこにあります。

このような**心の交流**も，ボランティアでの指導が続く秘訣なのです。

心得 35　地域のボランティアの方は，子どもや教職員から感謝の気持ちを伝えられることでやり甲斐を感じる。心の交流はなおさらである。副校長・教頭は自ら感謝の気持ちを伝える存在でありたい。

第4章 情報を発信し,多くの人と対話する

36 副校長・教頭は学校の「営業部長」

CHECK 副校長・教頭になって担任時代と違うのは,外部機関とのかかわりの多さである。外部機関とどのように連携するのか。副校長・教頭の腕が試される。

☑ 副校長・教頭は地域を回る「営業部長」

副校長・教頭として新任地の学区に赴任します。

時間を見つけて地域を回ってみましょう。地区センター,商店街,書店,そろばん教室,公園,スーパー,農協…。子どもたちと関係がありそうな施設がいくつもあることがわかります。

それらの施設には働いている人やかかわっている人がいます。実は**その中に,子どもたちのための外部人材が存在する可能性がある**のです。

- 地区センターで茶道教室が行われている。茶の湯体験学習のゲストとなるのでは?
- 近くのスーパーでリサイクル活動に取り組んでいる。環境学習で見学可能かもしれない。

このような視点をもつと,地域を回る際の「見る目」が変わってきます。いわば,副校長・教頭は地域の教材や人材発掘の「営業部長」のようなものなのです。営業部長ですから,地域のイベントや懇親会などは貴重な情報収集の機会です。休日であっても,チャンスと思って積極的に参加しましょう。

☑ 教育関係機関の情報を教職員に伝える

　学校は教育委員会をはじめ，多くの教育関係機関と連携しています。
　しかし，学級担任時代にはあまりそのような機関との接点はないものです。そこで，**教育関係機関にはどのようなものがあり，自校にとってどのような役割を果たしているのかリストアップしてみる**ことをおすすめします。

- ●児童相談所…………児童福祉法に基づいた児童福祉の県の専門機関。養護相談，非行相談等を受け入れる。
- ●県立療育センター…施設内に「発達障がい者支援センター」があり，発達障がい者に対し，他機関と連携をしながら相談を行っている。
- ●市少年センター……青少年の健全育成，非行防止など，補導・指導を行っている市の組織。本校担当は山田先生。
- ●主任児童委員………地域において子どもたちが安心して暮らせるように子どもたちを見守り，相談を受ける。厚生労働大臣から委嘱。本校には月1回，広瀬さんと阿部さんが来校。

　このように，自校にかかわる関係機関や関係委員を自分なりに整理することで，その機関や委員の目的を再確認できます。さらに，教職員に周知することで，担任と各機関・委員との関連づけも図られるのです。

心得36　副校長・教頭は，地域人材・地域教材を発掘する営業部長。積極的に営業活動をしていこう。また，関連機関の情報も教職員に周知していこう。共に学校のメリットになる。

第4章
情報を発信し，
多くの人と対話する

37 クレームを学校改善のヒントに

クレームが来る。厄介なもので，受けたくないと思うであろう。
しかし，その姿勢ではクレーム対応が不十分になりがち。
さらに大きなクレームにしないための対応が必要だ。

☑ まずはどのようなクレームでも受け入れる

　月曜日の朝，地域の人からクレームが電話で入りました。怒りでいっぱいの声であり，月曜日になるのを待っていたかのようでした。

> 　大通りに住む者だが，おたくの小学校の5，6年生ぐらいの子どもの遊び方がひどい。店で買ったお菓子を外で食べて，そのまま散らかしていく。昨日はピンポンダッシュをされた。学校ではいったいどんな指導をしているのか！　3年前も電話をしたが，何も変わっていないのはどういうことだ！

　概要はこのような内容ですが，時間にすると10分以上の電話です。電話で相手の声を聞きながら，様々な思いが渦巻きます。
　「確かに子どもたちのことだが，地域でのことだから，地域で解決できないものだろうか…」
　「その場で注意してもらいたいものだ…」
　「『学校外でも迷惑な行いはしないように』と厳しく指導はしている…」
　しかし，このような思いを表に出すことはできません。そのような思いを

述べれば,相手は「学校は子どもの指導をしようとしないのか!」「こちらの言い分を否定するのか!」と,さらに激高するに違いありません。

このようなときには,まずは相手の言い分を受け入れる姿勢をとることが大事です。たとえ,こちらの言い分があってもです。

そして,「本校の子どもたちの行いで気分を害されたことをお詫びいたします」ときちんと謝ります。そのことは事実だからです。

まずは相手の言い分を受け入れ,謝るべき部分はしっかりと謝る。これは電話の場合も直接言われた場合も同じです。これが基本姿勢です。

☑ 学校改善のために生かす

ただ,**謝るだけで終わらせるのは,もったいない**話です。学校改善のために生かす道を考えるのです。

- 該当児童だけではなく,学校全体で遊び方を指導する機会とする。
- 学校だより等でその事実を伝え,保護者からも目配りしてほしいこと,地域の目のありがたさを記す。
- 教職員に「クレームは学校として指導が不足している部分を教えてくれるようなもの」と,対応のスタンスについて共通理解を図る。

1本の電話から,このような取り組みができれば,クレームは悪いものどころか,逆に感謝すべきものになります。学校にとってプラスになるのですから。

心得 37

クレームはうれしいものではないが,悪いものでもない。
まずは,しっかり受け入れよう。
そして,学校改善のヒントにすれば,それは感謝すべきものになる。

第4章
情報を発信し，
多くの人と対話する

38 特別支援教育の大切さを保護者に伝える

「特殊教育」の名称が「特別支援教育」に変わっただけ。
保護者の中にはまだまだそういうとらえ方の人もいる。
特別支援教育の大切さを保護者に伝えることは重要である。

☑ 一部の保護者にとってはまだまだ「特別」な教育

　特別支援教育の理念は、「一人ひとりの教育的ニーズを把握し、適切な指導や必要な支援を行うこと」です。

　ご存じの通り、それはハンディのある子どもへの支援だけではなく、通常学級に在籍するうち6.5%は可能性があると言われている発達障害の子どもたちへの支援も含まれています。30～40人の学級では、計算上で2～3人存在することとなります。その点での行政の対応も手厚くなってきて、今は学校の要望に応じて教育支援員も予算化し、各学校に派遣されています。

　ところが、保護者の中には、名称が変わってもいまだ「特別な教育」ととらえている方が少なくありません。「特殊教育＝特別な子どもが入る学級」といった小・中学校時代の誤った記憶から、連想されているのではないでしょうか。

　したがって、**「今は，新しい特別支援教育に，国も県も，そして学校も取り組んでいる」ということを，副校長・教頭は保護者に周知する必要がある**のです。

　PTA総会、学級懇談会、各種講演会等で保護者に向かって学校側が直接話す機会は様々あります。そのような場で、学校の担当者や講師を招いたり

して，特別支援教育への理解を深めていくのです。そうすれば，学級に2～3人存在する発達障害の子どもへの保護者の理解も変わってきます。

☑「受診の勧め」を後押しする

どの学校にも，特別支援教育コーディネーターを中心とした支援教育チームがあることでしょう。

発達障害の可能性がある子どもの保護者に，専門的見地から「専門機関に受診をしてみてはいかがですか」と勧める立場を担います。学校が適切な対応をすることが本人のためになりますから，これは大切なことです。

しかし，保護者によっては我が子が特別な支援を受けることに抵抗する場合もあります。そのようなときには，支援教育チームだけではなく，管理職の出番です。**チームを後押しするようなサポートが必要**です。

- 今は文部科学省が積極的に特別支援教育を推進している。学校現場も同様で，本校でも一人ひとりのニーズにあった教育を行っている。
- 我が子のことで保護者自身も困ることが多かったと思う。しかし，一番困っているのは子ども自身。
- あなたのお子さんに適した指導をするために，受診を勧めている。その受診がお子さんのためになる。

このような話を責任のある立場の者からされることで，保護者の抵抗も少しずつ薄らいでいきます。

心得 38 特別支援教育についての保護者の誤解はまだまだ多い。
的確な情報の周知がどの学校でも必要である。
特に，支援教育チームへの管理職のサポートは欠かせない。

第4章
情報を発信し，
多くの人と対話する

39 他校の副校長・教頭とのネットワークを生かす

 その学校では1人の副校長・教頭でも，地区や市には同じ職の仲間がいる。
そのネットワークは大きな財産となる。

☑ 他校とのネットワークの大切さ

　他校の副校長・教頭は，ライバルではなく，大切なネットワークの一員です。

　その証拠に，新任の副校長・教頭であれば，不明な点を同じ地区の副校長・教頭に問い合わせをすれば丁寧に教えてくれます。これほど心強いことはありません。

　他校の副校長・教頭とは年齢もキャリアもさほど違いはなく，学校は違えど同じ仕事で苦労をしているということで，会ったときなどには「心許せる存在」ということができるでしょう。

　そのようなネットワークだからこそ，学校運営のためのヒントを得ることができるのです。

　例えば，自校のシステムで課題としている部分に，他校ではどのように対処しているのかを知ることができます。

　かつての勤務校で「なかなか学級のPTA役員が決まらない」という話が学級担任から出ました。そこで，似た規模・環境の他校の副校長数人に，どのような取り組みをしているのか詳しく尋ねたことがありました。

　だいたいの学校で同じようなしくみで選ばれ，同じ悩みをもっていること

はわかりましたが,事前の「役員調査用紙」がある学校では充実していることがわかったのです。

さっそく次年度にその真似をしたら,役員選出がいく分かスムーズに行われ,一定の成果が得られました。

また,小学校ではなかなか中学校の実情はわからないものです。そこで,中学校の副校長から進学した子どもたちの様子を定期的に聞くことで,小学校で留意しなければならない点も知ることができました。

これらは,ネットワークがあるからこそできたことです。

☑ 組織の役員は積極的に引き受ける

副校長会,教頭会という組織が各地区や都道府県単位であることでしょう。そこでは,何人かの役員や研究会のレポーターが毎年のように必要とされています。**声をかけられなくても,「私でよかったらさせてください」と,事務局や研究会のレポーターに立候補する**ことをおすすめします。

管理職として同じ業務をしながらなので負担は増えますが,それ以上のメリットがあります。

私自身も毎年のように役員や研究発表者を行ってきました。特に副校長会の事務局長となったときには,多くの会員にお願いや声かけをしたり,多くの会議に出席したりすることになります。その度に副校長としてのネットワークと視野が広がりました。

それらは,最終的に勤務校での業務に還元されました。時間をかけた分,管理職としての自分の財産になっています。

心得 39

副校長・教頭の同職のネットワークは,自分だけではなく,学校のためになるありがたい存在。
積極的に会の中で活動していこう。

第4章
情報を発信し，
多くの人と対話する

40 学校広報は協力関係を築く大切な仕事

学校広報に力を入れる学校とそうではない学校。ちょっとした考え方の違いだが，その結果は大きな違いとなる。
学校広報を学校経営方針の1つとして位置づけていこう。

☑ 学校広報は協力関係を築くためのもの

「学校広報」と聞いて，どのような印象をもつでしょうか。「『学校だより』等の学校からの定期的な情報提供」「管理職が中心となって行っているもの」…，そういった印象が強いでしょう。確かに，多くの学校では「学校だより」が管理職によって発行され，保護者は学校の情報を知ることができます。

ただ，「最近の行事から」「子どもたちの姿」といった日常的な情報だけでは，学校広報としては不足です。「学校として保護者や地域と協力関係を築くための広報活動」が学校広報の大切な役割だからです。

- 今年は学校経営方針の1つとして道徳教育に力を入れています。その中でも異学年交流は大切な活動の1つです。
- 自主的に活動する子どもたちを運動会で見てください。失敗をしてもそれが子どもたちを育てる，そのような場を目指しています。
- 学校として保護者に願うことは……です。ご協力をお願いします。

例えば，このような形で学校経営の考えをオープンにして，協力体制を求めていくのです。**普段学校がどのような考えで取り組みをしているのか伝え**

ていないのに，一方的に「ご協力をお願いします」というのは虫がよすぎることです。

☑ インターネットによる広報のしくみをつくる

　学校広報は紙媒体の「学校だより」だけではありません。学校ホームページやブログなどのインターネットによる広報も大切です。これらは，管理職やICTの扱いに長けた一部の教職員だけがすることではありません。頻繁に新たな広報活動ができるツールとしてこれらを重視している学校では，効果的な広報活動をしています。

> ●毎日複数の記事が更新され，その日の子どもの活動の様子がわかる。
> ●保護者として子育てを考えてみたいと思わせる記事も掲載している。
> ●重要な事務連絡の手段としても活用している。

　保護者も，このような広報活動の取り組みを支持してくれることでしょう。一方で，更新に不熱心だと，保護者が他校の様子を知り，自校への期待感が下がってしまう恐れもあります。

　副校長・教頭の役割は，「しくみ」をつくることです。自ら学校ホームページやブログにタッチするだけでなく，他の教職員もかかわらせて「広報活動に学校全体で取り組む」という意識をもたせるのです。

　学校広報は管理職だけの仕事ではありません。**教職員にも参加を促すことで，学校経営参画意識が高まる**という効果があるのです。

学校広報は，保護者や地域との協力関係を築くためのもの。学校経営方針をわかりやすく頻繁に伝えていこう。
副校長・教頭は教職員を巻き込むしくみをつくっていくようにする。

第4章 情報を発信し，多くの人と対話する

41 学校ブログの4つの特性

今や学校ブログは珍しいものではない。
多くの学校で取り組み，毎日更新をしている。
そのメリットにはどのようなものがあるのだろうか。

☑ 「その日」の学校情報を知ることができる

　学校ブログには，その日の出来事をすぐに伝えられる**「即時性」**，更新が簡単にできる**「容易性」**，一日に何度も更新できる**「頻繁性」**，そして何といっても画像で紹介できる**「視覚性」**，という4つの特性があると言えます。
　学校での生活の様子を伝えるには，ブログはまさにうってつけなのです。

●今日は生活委員会が朝のあいさつ運動をしています。
●今日の給食はたけのこご飯です。
●4年生が消防署見学に行ってきました。

給食の献立を画像つきで伝える学校ブログ

　このような内容を簡単な文章と画像で紹介します。保護者も気軽にアクセスして，今日の学校の様子を知ることができます。
　一番アクセス数が多いのは，修学旅行や林間学校といった大きな学校行事です。現地からの画像によるその日の記事は，インターネットでのニュース

版のようなもの。「子どもたちは今ごろ何を見学しているのだろう」と関心をもたれる保護者の方々は多く,普段の何倍ものアクセスがあります。

このような学校ブログは,「その日の学校の様子がよくわかる」「学校がより身近になった」と保護者に大変好評です。

☑ メリットは担当者と教職員にも

学校ブログを更新するメリットは,上記だけにとどまりません。

私が学校ブログの題材を探すときは,職員室を飛び出して各学級に入ったり,時には校外に行ったりする場合もあります。もちろんカメラ持参です。

あらかじめ「学校ブログのために,突然教室を訪問することがある」と話しているので,学級担任もまったく自然体です。

いわば**学校ブログ更新のために,学校の様子を詳しく見るようになる**のです。もちろん,その業務がなくても各学級を回ることはできますが,よりよい記事にするために,学級の様子をより真剣に見て回るようになりました。時には,桜の木々の変化や図書館の特別コーナーといったものも扱いますから,各施設へもより目が行き届くようになりました。

視点が深まると,その担当者とのコミュニケーションが深まります。

「今日の授業で,実物を提示するところがよかったですね。子どもたちが身を乗り出していましたよ。さっそくブログで紹介しました」

「『図書館の今月の本コーナー』,魅力的ですね。ブログにも掲載しました」

このように,ブログ更新のことを伝えます。そこから,その話題で盛り上がります。担当者との交流が気軽にできるようになるのです。

学校ブログの特性である「即時性」「容易性」「頻繁性」「視覚性」を生かして,保護者と学校の距離を縮めよう。
ブログ更新は,教職員との交流を深めるきっかけにもなる。

第4章 情報を発信し,多くの人と対話する

42 幼保・小・中連携は足を運ぶところから

 幼保小連携や小中連携の大切さはだれでも知っている。しかし,なかなか「連携」まで至っていないのも事実。何から始めたらよいのだろうか。

☑ まずは施設に足を運ぶ

　幼保小連携や小中連携の大切さは言うまでもないことです。

　小1プロブレム,中1ギャップといった言葉に表されるように,学校種ごとの区切りには大きな変化があり,それに適応できない子どもたちの存在は大きな課題です。

　しかしながら,「連携」どころか「交流」や「参観」もできていない実態があります。「自分の学校のことだけで手いっぱい」という姿が見えてきます。

　そうであれば,まずは外部との渉外役である副校長・教頭から,できることを始めてみるのも1つの手です。

　例えば,各施設に足を運んでみることです。**各種行事の案内書を届ける際に,郵送等ではなく直接訪問する**のです。

　その際,「子どもたちの様子を見てもいいですか」と断って少しだけでも参観させてもらうのです。5分見るだけでも気づくことがあるはずです。

　何度もそのようなことを繰り返しているうちに,各施設の先生方から「○○さんは,どんな感じですか。幼稚園のときは手がかかる子でしたが…」と聞かれたりするようになります。

わざわざ幼保小参観，小中参観といった時間を設定しなくても，副校長・教頭であれば，先行して実践ができるのです。しかもそれは特別な参観ではなく，まさに日常の子どもたちの姿です。

☑ 相互保育参観・相互授業参観は不可欠

　管理職として最初に赴任した先は，県内でも珍しい小中併設校でした。同じ施設に小学校と中学校が同居していたのです。一貫校とは違いますが，職員室は1つで，西側には小学校の教職員が，東側には中学校の教職員が位置していました。校内研究会も小規模なので合同で行っていました。
　そこで感じたのが，小学校と中学校の授業観や指導観の違いです。

> ● 丁寧できめ細やかな小学校の授業と，教材研究の深さが反映される中学校の授業。
> ● セリフの細かいところまで指導する児童会活動と，生徒の自主性を喚起する生徒会活動

　小中両方の取り組みを同時に見ることができる環境で，相互に参観する機会があれば，お互いの授業や指導を改善し合うよい機会になるだろうと感じていました。
　先のように頻繁に各施設に足を運んでいるのであれば，相互参観のキーマンは副校長・教頭です。自校の校長に働きかけて，その必要性を話してみましょう。校長や園長同士が共通理解をすれば，あとは実務を行うだけです。

足を運んだ回数と各施設との交流度は比例する。
特に幼稚園・保育園，小学校，中学校とそれぞれの「参観」には違いがある。副校長・教頭が相互参観を進め，学び合う機会をつくろう。

第4章
情報を発信し，
多くの人と対話する

43 様々な業種のプロから学ぶ

教員のことを「世間知らず」と言う人もいる。
確かに，学校以外の場に触れることは少ない。
様々な職種のプロに触れてみよう。仕事上でもチャンスはある。

☑ 朗読のプロから学んだこと

　「教師になってよかった」と思うことの1つが，**「プロから学ぶ機会がある」**ということです。特に管理職になってからは，その機会が増えました。

　かつて，地域の教育振興会の活動の一環で，朗読のプロ（兼女優）を招いたことがあります。副校長である私が事務局なので，話を聞きたい方を招くことができるという権限を使ったのです。夜の会に30名程の保護者と地域の方が集まりました。そこで「やはりプロ」と感じることがいくつもありました。

プロの朗読から学ぶ

　当時の記録から抜き出します。
❶読むときの表情
　朗読がすばらしいのはもちろんだが，その表情に驚いた。会話文のときには本から目を離し，実際に会話をしている表情をする。特に感情が高ぶったときにはその気持ちがはっきりと伝わってきた。
❷音楽と光の効果
　音楽も朗読会の雰囲気づくりに大きな影響を与えていた。その選曲は見事だった。スポットライトだけの環境で集中して聴くことができた。

❸臨機応変の見事さ

　子ども連れでいらした方がいた。それを見て講師の方がすぐに控え室に戻り，幼児向けの本をもってきて最初に朗読を行った。子どもたちは夢中で聞いていた。その臨機応変さに感心すると共に，レパートリーが豊富だからこその技なのだと感心した。

❹努力が一番

　朗読会終了後に情報交換会をした。

　一番印象に残ったのは「朗読の練習を努力して続けることによって女優としての幅を広げることができた」という話だった。当たり前のことだが，努力することの尊さも改めて感じた。

☑ 学びを生かす

　朗読のプロに感銘を受け，学んだことをぜひ学校の職務でも生かしたいと考えました。翌日，「朗読のプロから学んだこと」と称して，校内の教職員に３つの内容を伝えました。

　「子どもたちに表情豊かに接しているか。表情の豊かさは気持ちも伝えることになる」

　「授業を型どおりに流そうとしていないか。子どもの実態を見て，授業で臨機応変に対応できるようでありたい」

　「プロの教師として努力を続けているか。努力は自分の幅を広げる」

　何も特別なゲストでなくてもよいのです。身近な地域の人でも，保護者でも構いません。**学びの取れ高は本人次第**です。

心得 43

プロから学ぶ機会を自分でつくってみよう。副校長・教頭になればそのチャンスは大きい。
　そこからの学びは必ず教育とかかわっている。ぜひ教職員に伝えよう。

第4章
情報を発信し，
多くの人と対話する

44 「学校の窓口」として信頼を得る来客・電話対応

職員室の中心にいる副校長・教頭は来客や電話対応の窓口になることが多い。
その対応で学校の評判が変わる場合もある。

☑ 「来校者はすべて味方」という意識をもつ

　学校には多くの来校者があります。

　定期的に訪れる教材屋さんをはじめ，配付物持参の方，忘れ物を届けにきた保護者，体育館使用申請届を書く方等，副校長・教頭になると学級担任時代には気づかないほどの方が職員室に来るものだということがわかります。

　その来客対応を副校長・教頭がしなければならないこともあります。

　例えば，地域の方から「今，1年生が道路に飛び出して危なかったです」という訴えがあったり，歴史記念館でイベントを行うのでポスター掲示を呼びかけてほしいといった依頼があったりします。

　忙しいときだと，思わず「時間がとられるな…」という気持ちになるものです。そして，そんな気持ちは得てして態度に出てしまうものです。

　私は**来客対応の際には，「学校の味方になる方が訪れた」といつも考える**ようにしています。地域の方の訴えは子どもを指導するチャンスです。また，イベント参加を周知することにより，そのイベントで歴史に興味をもつ子が出てくるかもしれません。

　このように考えると，学校に来られる方々はすべて何らかの形で「子どもや教職員のために来校されている」ということになります。そうすると自然

に「大切にしたい」という態度で接することになります。

もちろん気持ちだけではなく，その気持ちに応じた礼儀も必要です。礼のしかたや名刺交換等は，基本的なマナーを身に付けておきましょう。

また，来客が職員室にいる際の教職員のマナーも同様です。来客に教職員が「こんにちは」とあいさつをする職員室であれば，「子どもたちにも同じように指導をしている学校だろう」と感じることでしょう。

☑ 情報を大切にして，確実に伝える

来客だけではなく，電話の対応も大切です。

学校への電話は，専門に受ける人が待機しているわけではありません。だれでも受ける可能性はあります。その際に共通理解しておかなければいけないことを指導するのも，副校長・教頭の役割です。

例えば，電話で「4年3組の○○の母親です。祖父の容態が急変したので，児童センターに行かず，まっすぐ自宅に帰るように伝えてください」という連絡を受けました。この場合，メモを職員室の学級担任の机上に置いていても，肝心の学級担任が職員室に戻らなければ，情報は伝わりません。したがって，このような大事な情報は，教室まで直接行って伝えなければいけないのです。

大事なことは「連絡をした人の情報を大切にして，確実に伝える」という意識を教職員全員がもっているということです。

このような対応が悪いと，学校の印象も悪くなってしまう場合があります。これは，「学校の窓口」である副校長・教頭の責任なのです。

心得
44

来客は「学校の味方」。そして電話は「大事な情報」。
どちらも大切にする態度で接していく。
その姿勢を教職員に伝えることも必要。

第4章　情報を発信し，多くの人と対話する

新任副校長コラム

働くことは最高の道徳教育

　新任で赴任した学校は県内でも珍しい「小中併設校」でした。
　同じ校舎で小学生と中学生が一緒に学びます。小学校と中学校の児童・生徒は合わせても44名。へき地校のため同じ校舎で学ぶのが経済的なのです。

　赴任してすぐに感じたのは，「よく働く子どもたちだ」ということです。
　人数が少ないから，校舎内の掃除も必死になってやらなければなかなか終わりません。その分，一生懸命です。小学1年生も縦割り班で上級生から教わって，貴重な働き手になっていました。

　中学生になれば，さらによく働きます。
　PTAの奉仕作業のときなどは，男子は大人が機械で草刈りした草を集めます。これがものすごい量。汗だくになって集め，草の山をつくります。それを軽トラックの荷台にのせ，踏みつぶし…という作業を2時間休まずに行いました。本当に頼りになる子どもたちだと思いました。

　よく考えれば，家でも学校でも「働くこと」が義務づけられ，それが当たり前になっています。働くときは大人の手際のよさを見て，素直に「すごいな」と思いながら，自分もそれに近づこうとします。そして，よく働いたときには家族や地域の大人からもねぎらいの声をかけられます。
　これらは最高の道徳教育です。勤労・奉仕の精神，大人への尊敬の念，そして協力する態度。様々な面が，子どもたちの労働ぶりに凝縮されていました。今の教育で不足しているものを，この地域で育てられた子どもたちの働きぶりに見させてもらった新任副校長時代であり，それまでの学校では得られなかった価値観を学んだ新任副校長時代でもありました。

第5章
先頭に立って走る

　休む間もなく次々出てくる新たな課題と取り組み。
　副校長・教頭なら，真正面から受け止め，教職員と共に立ち向かっていきましょう。
　副校長・教頭が自ら学び，先頭に立って取り組むことで，教職員も安心して後を追うことができます。
　ただし，苦しそうな顔ではいけません。
　いつも笑顔で自分を磨いている姿に教職員はついてくるのです。

Chapter 5

第5章
先頭に立って走る

45 新しい教育課題への取り組みこそ副校長・教頭から

 いつの時代にも新しい教育課題は存在する。
副校長・教頭であれば，その課題をいち早く把握し，自校の教職員のために先頭に立って取り組みたい。

☑ 「先頭に立って走る」のが副校長・教頭

　社会は変化します。その動向によって，いつの時代にも新しい教育課題が登場してきます。平成になってから，生活科，総合的な学習の時間，外国語活動がその必要性から新しい教科や領域として加わりました。

　さらには，キャリア教育，食育といった○○教育，いじめ対策，不登校対策といった多方面にわたる課題や，小中一貫教育といった制度にかかわるものも少なくありません。

　さて，新しい教育課題が話題になるときに，あなたはどのようなスタンスをとるでしょうか。大きく次の２つのスタンスが考えられます。

A 「また，新たな課題か。新たな負担を先生方に強いることになるのか…」と考える。
B 「この課題が出てきた背景があるはずだ。いずれ取り組むのであれば，その背景を調べて先生方に伝えよう」と考える。

　どのような取り組みにも，プラス面とマイナス面があります。Ａはマイナス面に，Ｂはプラス面に着目したスタンスと言えるでしょう。

管理職であれば，その課題に取り組むメリットや必要性を重んじたいものです。むろん，「負担感」といったマイナス面への目配りは必要ですが，それ以上のメリットがあるからこそ課題への取り組みが行われるのです。
　その点でも，新しい教育課題をいち早く把握し，自主的に学び，教職員の先頭を走ることが副校長・教頭に求められるのです。

☑ 背景や趣旨を知り，教職員が納得できるように伝える

　新しい教育課題への取り組みが話題になると，すぐに「何を実践しなければいけないのか」と考えがちです。
　その前にすべきことがあります。それは，**その課題が出てきた背景や趣旨を学校全体で共通理解する**ことです。
　例えば，食育（の推進）であれば，偏食，朝食欠食など子どもの食生活の乱れ，肥満傾向の増大など健康への影響が背景としてあげられます。
　その背景について資料を基に話し合えば，「確かに自分の学級にも朝食をとらない子がいる」「本校の肥満率も年々高まっている」といった具体例が出て，取り組みの必要性も実感できます。
　副校長・教頭が先頭に立って走ることの大切さもここにあります。背景や趣旨を示して取り組み，教職員に「確かにこれは子どもたちにとっては大切なことだ」と実感させ，実践の方向づけを行うのです。
　そのためには，副校長・教頭自身がその必要性を強く感じるような学び方をしなければいけません。少しでも後ろ向きな態度を示すと，教職員は後についてはこないのです。

心得 45
新たな教育課題は子どもたちをよりよく成長させるためのもの。
その趣旨や背景を，教職員の先頭を走って伝えよう。
教職員のやる気を引き出すのが副校長・教頭の役割である。

第5章
先頭に立って走る

46 「教育の情報化」を推進する

 インターネットの普及に代表されるように,情報化社会はどんどん進展している。学校も例外ではない。管理職として「教育の情報化」をどのように進めたらよいのだろうか。

☑ 「教育の情報化」の進展

「教育の情報化」とは,初等中等教育段階では次の3つのことを言います。

- **情報教育**
  情報化が進む社会における子どもたちの情報活用能力を育成すること。
- **教科指導における ICT 活用**
  各教科等の目標達成のために,より効果的な学習指導を行うこと。
- **校務の情報化**
  指導や児童にかかわる情報を適切に管理することで,より的確な指導を行い,効率的な校務処理を行うこと。

これらは実際の校務で年々推進が図られています。例えば,授業では実物投影機・電子黒板等の ICT 機器やデジタル教材が日常的に活用される学校が増えています。また,情報教育の一部としての情報モラル教育もその必要性から広がっています。職員室には教職員1人1台のコンピュータが当たり前となり,校務支援システムを活

実物投影機を使った授業

用する学校では，効率化で確保した時間を，児童や生徒に向けているのです。

☑ ビジョンをもって管理職自らマネジメントする

　管理職が「ICT好きの教員や情報教育担当に任せておけばよい」という姿勢では，進展は望めません。情報教育・ICT活用・校務の情報化は，子どもたちの成長のために必要なものであると意識する必要があります。
　管理職として，次のような取り組みが考えられます。

❶自校の教育の情報化の実態を把握する
　毎年各学校で行われる文部科学省の「学校における教育の情報化の実態等に関する調査」の自校の結果を改めて見直してみましょう。ICT機器の整備状況や教員のICT活用指導力の実態が的確に把握できます。

❷教育の情報化を推進するビジョンを教職員と共有する
　自校の教育の情報化のビジョンを，実態に応じて見直し，その必要性や効果，推進する担当者，整備計画等を共通理解します。

❸ミニ研修・教え合いを奨励する
　ICT活用・情報教育を推進するためには研修や教え合いが必須です。これは職員間のコミュニケーションも深めます。

❹校務の何に有効か考え，改善し続ける
　実物投影機を常設して活用する，情報モラル教育に時間を割く等，自校で重点化すべきことを考えます。

　これらは，管理職自身がICTに詳しくなくてもできます。**大事なのは，教育の情報化を推進するマネジメント**なのです。

「教育の情報化」は情報化社会の進展に伴い不可欠なものである。
管理職自ら子どもたちの成長のためにマネジメントを図ろう。

第5章
先頭に立って走る

47 学校改善のための企画力を

 校務分掌における新たな企画は学校改善につながる。
教職員に奨励するだけではなく,自分自身も新たな企画を提案していこう。

☑ 企画力のポイント

学校というのは「前年度踏襲の取り組み」が多いものです。

確かに今までと同じ活動を行えば,子どもたちや教職員の多くは経験済みのことなので,見通しをもって取り組むことができます。しかし,それがマンネリ化する恐れもあります。

そこで大切になってくるのが「企画力」です。

もし,教職員から「校務分掌で新しい企画に取り組みたい」といった提案が職員会議で出されたときには,学校を活性化するよい契機となるため,積極的に支援したいものです。

その際,いくつかのポイントがあります。

❶学校の教育目標達成のためになるかどうかを判断する

当たり前のことですが,目指す方向性が違っていては,教職員が一致して取り組むことはできません。

❷課題意識と克服のための手だてが明確であるかどうかを見極める

新たな提案の背景には,何かしらの課題意識があるはずです。それが納得できるものであり,さらに取り組み方法が効果的であると予想できなければ,教職員からの協力は得られません。

❸**新しい取り組みのかわりに削るべき今までの取り組みを精査する**

「必要だから」という理由だけで，新たな企画が次々に提案され，校務の総量がどんどん増えていくと，学校はいつかパンクします。今までの取り組みで無駄な部分は削り，校務の総量を調整するのは管理職の仕事です。

❹**取り組み後の評価を適切に行う**

次年度の課題まで確認すると，継続性のある取り組みになります。

☑ 副校長・教頭も新たな企画を

実は，この企画力は，副校長・教頭にも求められるものです。

管理職が積極的に企画をして学校改善を図る姿勢が学校に新しい風を起こし，「学校をよりよく変えよう」という雰囲気ができていくのです。

まずは，自分が担当している校務分掌から始めましょう。

例えば，日常的に呼びかけているコンプライアンスにかかわって，交通違反防止の取り組みを違った形で企画してみるのも1つです。

私は警察の方をゲストに招いて，放課後に「交通違反防止の取り組みと学区の交通危険場所」という内容で，教職員対象にお話をしていただいたことがあります。自分たちの運転の注意点を知ることができただけでなく，子どもたちの交通安全のための地域の実態も学ぶことができました。

また，副校長・教頭はすべての校務分掌にかかわっています。この点を生かさない手はありません。「家庭学習の取り組みがマンネリ化していませんか。例えば『家庭学習強化週間』を設けて，ガイダンスや集中化を図りませんか」などと，新たな企画を働きかけてみることもできるのです。

学校改善のために新たな企画が提案できる学校にしよう。
そのためには，副校長・教頭自らが学校の課題を把握して，企画してみること。後に続く世代のためにも企画力を磨いていこう。

第5章
先頭に立って走る

48 保護者と協同の取り組みに数値目標を入れる

10年ほど前から具体的な数値を入れた到達目標を掲げる学校が増えてきた。
保護者と共に取り組む活動にこの発想を生かしてみよう。

☑ 数値目標を入れる効果

「学力調査で県平均比較で105を目指します」「全員25m 泳ぐことができるようにします」「高学年での読書冊数50冊を目指します」といった数値目標を掲げる学校が，ここ10年ほどで増えました。

これは保護者への「学校の目標達成状況の説明責任」という点では大切なことと言えます。**数値目標があることにより達成状況がはっきりしますし，教職員にとっても目指すべき到達点が明快**です。

また，先の読書冊数の例であれば，子どもたちに目標冊数を知らせることにより，子どもも意識して取り組むことができます。

このような目標は，従来の「進んで学習する子どもを育てる」「読書の盛んな学校をつくる」といった目標よりも，保護者にとってわかりやすく，教師にとっても取り組み甲斐のあるものでしょう。

ただ，目標を数値化することの弊害にも気をつけなければいけません。例えば，到達度を気にするあまり，「残りの期間，毎日本を借りると目標を達成できます」などと読書を暗に強制したりするのなら，それは本末転倒です。目標に至るまでのプロセスが大事なのは言うまでもありません。

☑ 保護者と共に数値目標に取り組む

　副校長・教頭としては，学力向上や体力向上以外にも数値目標の導入を検討してみたいものです。その際，保護者と共に取り組んでみるのはいかがでしょうか。「子どもの教育は学校だけではなく，保護者と協同で行うもの」という意識を高めることができます。

　例えば，PTA主体の取り組みとして**「授業参観・学級懇談会・PTA総会の保護者参加率90％」**といった数値目標を決めます。当然，PTA役員からの働きかけが重要になります。

　「参加率は，保護者の関心率でもあります。保護者が子どもの教育に関心をもつことで，子どもたちはよりよく成長します」といった取り組みの趣旨を，様々な場でPTA会長はじめ役員さんに話していただくのです。

　もちろん，学校も授業参観や懇談会の準備を今まで以上にしっかり整えるべきであることは言うまでもありません。

　また，子どもたちの生活面での数値目標も保護者と協同で設定できます。

●月１回のノーテレビデーの達成率を80％以上とする。
●学校でも家庭でもあいさつをする。目標100％！

　これなら，学校から「テレビを見せすぎないようにしてください」とお願いしたりするより効果的です。このような保護者との協同の取り組みは，PTAとかかわっている副校長・教頭が中心になることでうまくいきます。

心得 48　数値目標は，そのプロセスを大切にすれば効果が大きい。保護者と一緒に目標を設定し，協同で取り組むことで子どもを成長させていこう。

第5章
先頭に立って走る

49 管理職だからこそ授業にこだわる

CHECK
管理職になると自然に授業から遠ざかる。
しかし，学級担任の仕事の多くの部分は授業である。
それを指導するのなら，管理職でも授業にはこだわりたい。

☑ 一緒に授業を研究し続ける

「研究に強い管理職，授業を指導できる管理職になりたいです」

管理職になる前に，「どのような管理職になりたいか」と問われたときの私の答えです。

「教諭時代に授業にこだわりをもって実践をしてきた」「研究授業・公開授業も数多く行ってきた」「授業にかかわる実践論文や原稿も書いてきた」…。自分の強みは「授業」であると考えてきた私の結論でした。

管理職になってからも「授業にこだわる」という思いは変わりません。

- 指導案を作成し，校内で公開授業と研究会を行う。
- 校内の教職員相手に模擬授業を気軽に行う。
- 自主研修会やセミナーでも，依頼される限り，子ども相手の飛び込み授業や参加者相手の模擬授業を行っていく。

これらは今も自分に課していることです。

管理職になると自然に授業から遠ざかります。そうすると，授業の腕は自然と下がります。新しい授業論や動向にも関心は薄れます。

そうすると「過去の自分の成功体験」から語るだけになり，それは得てして狭い体験なので，時には口先だけの授業批評になってしまうのです。
　学級担任は，そのような授業批評を望んでいるわけではありません。教職員と一緒に授業のことを考え，一緒に学んでいく管理職の評価だからこそ受け入れられるのです。
　むろん，必ずしも授業公開をする必要はありません。管理職として授業にこだわる姿勢を何らかの形で示していくことが重要なのです。

☑ おすすめ書籍を積極的に紹介する

　授業にこだわる姿勢の１つとして，私は授業力向上にかかわる書籍の紹介をしています。今まで読んできて大きな学びを得た書籍，今現在刺激を受けている書籍を，積極的に研究会等で紹介するのです。
　インターネットの普及で，多くの指導案がネット上から引き出せるようになりました。また，著名な実践者の実践情報も同様です。そのためか，「教師が本を読まなくなった」とも言われています。
　しかし，副校長・教頭職に就く者であれば，過去に自分の糧になったおすすめ書籍も１冊，２冊ではないはずです。**堂々と「この本は読んで損はない。授業観も変わる」と宣言すればよい**のです。そこから教職員の関心が広がるのなら，これほどうれしいことはありません。
　ちなみに私が年に数回，必ず読む本は，有田和正先生の『社会科教師　新名人への道』（明治図書）です。努力と挑戦の大切さを学べる１冊です。

心得49

管理職＝授業者引退ではない。
授業にこだわり，教職員と一緒に学ぶ管理職だからこそ指導ができる。
そのような管理職の推薦図書なら，教職員も読むのである。

第5章
先頭に立って走る

50 自主研修で最新の学びを

 副校長・教頭は職員室の留守番役。
公的に外部で研修する機会も限られている。
だからこそ，身銭を切って自主的に学ぶ機会は重要である。

☑ 新たな研修の場は自分で切り開く

　副校長・教頭になると，今まで参加していた研究会への出席ができなくなる場合があります。

　確かに，日常の業務の中で学校を離れる機会は限られてしまいますし，休日に地域の行事等に時間を割かなければならない場合があるのも事実です。

　しかし，学び続けることを止めてしまっては，教師としての成長は望めません。それは管理職も同じです。

　まずは，休日に自主研修できる研究会を探してみましょう。今は，インターネットに研究会情報が幅広く掲載されています（「教員　研究会」で検索）。

　その中には，「指導法研究」「授業研究」以外のものも数多くあります。例えば，「特別支援教育」「カウンセリング」「協同学習」「ワークショップ」「ユニバーサルデザインの授業」といったものです。

　「これには興味がある」「ピンときた」という研究会にぜひ参加してみましょう。

　私自身は，教諭時代から月平均2〜3回は，身銭を切って地元や仙台，東京の研究会に参加していました。管理職になってからペースはやや落ちましたが，それでも月平均1〜2回は各地の研究会に自主参加しています。

定期的に通う研究会の魅力は，何といっても人との出会いです。講師との出会いはもちろんですが，共に学ぶ研究仲間の存在は大きいものです。
　今の時代，多くの研究会ではメーリングリストやフェイスブックといったインターネット上での交流も行われています。同じ管理職で，同じような学びを続けている人と知り合いになれれば，それは大きな財産です。そこで交流できる情報には高い価値があります。

☑ 管理職としての専門性の向上を図る

　自分自身がはじめて本格的な「研究」に触れたのは，40代になってからでした。様々なプロジェクトで大学の研究者の教えを受け，本格的に研究してみたいと考えたのです。
　研究者の指導を受けて文献を読み，論文を書き，学会等で研究発表をすることで，視野は確実に広がりました。研究者の客観的な視点で，自分の実践の成果と課題を見いだすことは，次の実践に確実に生かされました。
　そこで学んだことは，管理職になってからもプラスに働きました。
　志があるのであれば，**管理職こそ大学院の修士課程といった専門的な学びでキャリアアップすべき**です。
　今は，働きながら学べる環境がたくさんあります。身近なところに夜間大学院があれば，そこで学ぶことができます。また，放送大学大学院はじめ通信制の大学院もあります。私自身も50代になってから通信制大学院で学び始めました。新鮮な学びの連続で，自分を向上させることができました。

自主的な研究会に参加して，どんどん人と出会おう。
今は働きながら学べる環境が様々ある時代。
大学院にも志があれば通うことができるのだ。

第5章
先頭に立って走る

51 仕事に取り組む原則を確立する

「あなたの仕事の原則は何ですか」
このように聞かれたとき，どのように答えるだろうか。
仕事の原則が明確な人ほど，仕事ができるものだ。

☑ 仕事の原則をもつことの大切さ

あなたが今まで接してきた管理職の中で，「仕事ができる」という人はどんな人だったでしょうか。

「判断が適切」「危機管理のときに先頭に立ってくれた」「自分が知らない点をいつも指摘してくれた」等，様々な観点が出てくるでしょう。

仕事ができる人に共通しているのは，仕事の原則や判断の根拠が明確であるということです。だからこそ，「ここはこのように対応しよう」と即断できるのです。

私が管理職として仕事の原則にしているのは，以下のことです。

❶決断・結論を速く

管理職には速い決断が求められます。何かを尋ねたとき，パッと答えられて困る人はいません。むろん，これができるためには，自分の中で判断の根拠をきちんともっていなければなりません。

❷その場主義

自分が取り組んでいる仕事の途中で別業務が入ってくるのは管理職であれば当然のことです。だから「その場主義」で途中で入ってきた仕事を処理します。仕事を溜めないために必要な心がけです。

❸**その人のよさを生かす**

　教職員，保護者，地域の方々と接するときにいつも心に留めておくべきことです。

❹**重い仕事ほど早く取りかかる**

　簡単にできない仕事は，だれでも気持ちが重くなるものです。しかし，だからこそ少しでも早く取りかかれば，見通しをもつことができ，気持ちも軽くなります。

❺**任せて見守り，任せた責任をとる**

　チェックはしますが，基本的に口出しはしません。ただ，しっかりと見守ってねぎらいの言葉をかけます。

☑ 見る人は見ている

　かつてのあなたがそうだったように，管理職としてのふるまいを後輩たちも見ています。

　とある後輩から，「副校長先生の仕事ぶりで学ばせていただいたのは，判断の速さです。見習いたいと思いました」と言われたことがあります。いつも速いわけではないのですが，難しい判断のときには「今言えることは〇〇まで。残りは明日朝までに答えます」と，期限を明示していました。そのような姿も見てくれていたのかもしれません。

　後輩は先輩の仕事ぶりを真似ます。そこからさらに下の世代も真似るということを考えたら，**自分の仕事の原則は，ずっと下の代まで影響を与えることになる**のです。その責任の重大さを改めて自覚したいものです。

> 仕事ができる人は仕事の原則や判断の根拠が明確である。
> 自分なりの仕事の原則をもとう。
> それは後輩たちにも受け継がれていく。

第5章
先頭に立って走る

52 激務だからこそ身につけたい効率的な仕事術

「副校長・教頭は忙しすぎる」「自分の仕事はいつも後回し」。しかし,副校長・教頭に仕事が集中するのは頼られている証拠。自分の仕事を効率的にしながら,期待に応えよう。

☑ 自分のことは「さらり」とやる

　担任時代から「忙しい」は禁句でした。自分よりはるかに忙しい先輩方が,自分より重要な仕事を次々片づけているのを目の当たりにしていたからです。

　しかし,副校長・教頭になると私の状況も変わりました。次々と入ってくる対応のために,朝予定していた仕事が夕方になっても手つかずの状態だった,ということも珍しくはありません。

　管理職とはそういうものか…と思っていた折,**「自分のことはさらりとやって,後輩の面倒を見るのが50代」**というメッセージを『校長室の窓から』(野口晃男)という本で見つけました。このメッセージは耳が痛いものでした。

　あなたは「さらり」と自分の仕事をしていますか?
　そして,後輩の面倒を見ていますか?

☑ 効率的に仕事をするための仕事術

　後輩の面倒を見られるようになるには,**効率的に仕事をするための仕事術**を身につけることが不可欠です。どんな方法があるのでしょうか。
❶仕事を前日のうちに「見える化」して,終わったら消していく

すべき仕事は前日のうちにリストアップ。何からしたらいいか，次に何をしたらいいか，ということを考えなくてよくなる。終わったら消していく。

❷急遽依頼された仕事はその場で片づける
急遽きた依頼で，その場でできることは優先して行う。いずれは行うものなのだから早い方が相手のため。仕事を溜めないことにもつながる。

❸一定の時間がかかる仕事は完了時間を決める
報告書作成や吟味すべき文書は完了時間を決める。その時間内でまずは8割の出来を目指す。さらに余裕があれば，それを高めるようにする。

❹退勤時，机上に資料は残さない
「資料はあとでファイルに…」などと思うと，机上に積み重なるもの。絶対机上に残さないと決めると，即ファイリングの習慣が身につく。

❺「後輩を育てるために」任せる
「自分が楽をするために」ではなく，「後輩を育てるために」思い切って仕事を任せることも大切。見守り，励ますことで後輩も育つ。

❻同時にできることを考えて行動する
「校舎の見回りと同時に担任や子どもをほめる」「授業を参観し，写した写真を学校ブログで紹介する」など，常に同時にできることを考えておく。

❼待ち時間は締切チェックの時間
会議や打ち合わせでは，数分余裕をもって移動する。そのすきま時間はスケジュール表のチェックの時間。先までの締切を確認する。

副校長・教頭に余裕があれば，教職員も安心して相談や依頼ができる。その逆だと報告・連絡・相談が遅れ，結果的に時間がかかってしまう。

副校長・教頭は激務。だからこそ，効率的な仕事術が不可欠。
自分の仕事は涼しげに終わらせ，同僚のために時間を使いたい。
副校長・教頭が忙しそうだと，教職員は相談しにくいものである。

第5章
先頭に立って走る

53 東日本大震災から学ぶ危機管理

 東日本大震災は多くの教訓を日本に残した。犠牲になった方々のためにも，私たちにはその教訓を学校現場で生かしていく使命がある。

☑ 3・11 そのとき

2011年3月11日のそのとき。私は職員室にいました。

揺れ始めてすぐに緊急放送で「机の下に潜りなさい」と指示をしました。前々日にも大きな地震があったので，その余震かと最初は思いました。ところが揺れはどんどん大きくなります。途中で職員室の電気も消えました。とても長く感じた数分間でした。

地震が収まった後，すぐに教室を回ると，机の下に子どもたちが潜ったまま次の指示を待っていました。**日ごろの避難訓練で行っている通り，担任の指導のもと，慌てずに対応していた**のです。

ただ，東日本大地震では，同じ県内で多数の児童生徒，教職員が犠牲になりました。間近に控えていた卒業式ができない学校もありました。逆に「適切な対応で子どもたちの安全が守られた」という報道をいくつも聞きました。

学校行事として年に数回の避難訓練をどの学校でも行っていますが，改めてその大切さを噛みしめたものです。

☑ 東日本大震災から変わったこと

東日本大震災時に勤務していた学校は内陸にあったため，津波の被害は受

けませんでした。その後の勤務校も校舎の破損はあったものの、人的な被害はありませんでした。

しかし、この東日本大震災は危機管理のあり方を変えました。

まずは避難訓練です。それまでは集団での避難が中心で、年1回予告なしで休み時間に行うものでした。その後は次のように、様々なケースも想定して行われるようになりました。

- 休み時間に大地震で放送機器が使えなくなったとき、自己判断で避難をする訓練
- 1人で下校時に大地震があったとき、どのような判断をして、どこに帰ったらよいか考える訓練

これらは実際に起こり得るケースです。そのとき必要になるのは、子どもたちの自己判断力です。その力を子どもたちにつけなければいけません。

また、教職員には「**危機管理の準備は最悪の事態まで想像して行おう。ただ、想定外のことが起きることも自覚しよう**」と伝えています。

危機管理は何も地震だけとは限りません。想定外の出来事が起きたときに次の行動を判断するのは管理職の役目です。「子どもたちの安全が最優先」というのは当然ですが、そのためにどのような判断をしたらよいか、管理職としての準備が必要です。今回の東日本大震災では成功事例がいくつもあり、そこから大いに学ぶことができるのです。

心得 53 大地震に限らず、「想定外の事態」はいつでも起こり得る。
まずは、予想し得る最悪の事態に対する備えをしよう。
そのうえで、想定外も起こり得ることを自覚しよう。

第5章
先頭に立って走る

54 次学期・1年後・3年後を見通す

 目の前の仕事で追われっぱなし。そんな自覚はないだろうか。その状態が簡単に終わらないのであれば，覚悟を決めて「先を見通す」ことを考えよう。

☑ 走り続けながら先を見通す

　新年度の最初は，どの学校の副校長・教頭も忙しいものです。

　山のような仕事量に，まずは「目の前の仕事を片づけよう」と思います。しかし，その状態は簡単には解消しません。そのうち，先のことが不安になります。「この状態で1年間続くのではないか…」と。

　基本的にはそのように考えた方がよいでしょう。「1年中走り続ける状態が続く」と思ってしまえば，覚悟も決まります（実際には，大型連休，夏休みなど，ひと息つくところもあるはずです）。

　大事なのは，走り続けながらも先を見通すということです。

　校務を整理する立場の副校長・教頭の場合，**「先を見通す」とは，今後の学校全体の業務量を知り，その執行体制を考えるということ**です。

　例えば，「2学期の10月に大きな公開研究会があり，教職員にそれ相応の負担がかかる」という場合，5月ぐらいには，学校としての10月までのスケジュール表を出します。以下の2点がそのポイントです。

● 「1学期中にすべきこと」「夏休み中にすべきこと」「9〜10月にすべきこと」の3期間に分ける。

●それぞれの期間で，担任だけではなく担任外として行うべき仕事をリストアップして明示する。

　このようなスケジュール表が出れば，教職員も見通しをもつことができます。また，各自「これは１学期中に前倒しできる」といった判断をして，先に仕事を進めることもできます。
　大きな仕事こそ，早めに全体像を示す。１学期中に２学期のことを，２学期中に３学期のことを，そして３学期には次年度のことを見通すのです。
　これは，山のような仕事があっても，管理職なら走り続けながら考えなければならないことなのです。

☑ １年後・３年後のために資質向上の時間をもつ

　次学期のことを見通すだけではなく，１年後や３年後の自分のことも見通しましょう。
　１年後には副校長・教頭としてどのような力を身につけていたいか。３年後の自分はどのようになっていたいか，ということを考えるのです。そして，そのための資質向上の勉強の時間をプライベートで確保しましょう。
　「毎朝30分間は教育法規の勉強をする」「土曜日の午前中の３時間は教育書を読み，レポートにまとめる」といったことでよいのです。
　今の自分にプラスαの努力であれば，だれでもできます。１年後・３年後の自分の理想像を常に意識しましょう。

自分の業務をこなしつつ，次学期の全体像を早めに示すことが大切。見通しをもつことで教職員の動きも変わってくる。
そして自分の未来のために，プラスαの勉強時間を確保しよう。

第5章
先頭に立って走る

55 いつでもどこでも笑顔で

 副校長・教頭といっても完璧な人間ではない。
思わぬ出来事や失敗に、後悔や反省をすることもある。
それでも管理職として忘れてはいけないことがある。

☑ 人間性を磨き続ける

　教育における人間性の大切さは言うまでもありません。

　教え方がたとえ未熟でも、教師を子どもたちが大好きであれば、子どもたちは学習に前向きになるものです。

　逆に、教え方が上手でも教師に人間的な魅力がなければ、子どもたちの学習意欲は高まらないものです。

　ここで言う人間性とは、決して大げさなものではありません。**「親しみがもてる」「一緒にいると安心できる」「子どもたちを大切にしてくれる」**といったシンプルなものです。

　実はこのことは、職員室内でも同様です。

●職員室に副校長先生がいると安心できる。
●相談にのるといつも励ましてくれるから、思い切って挑戦できる。
●失敗しても温かく見守ってもらえる。

　そんな人間性をもった管理職であれば、教職員も感化され、子どもたちに同じように接することでしょう。

「自分にはそのような人間性はない」というのであれば，何でもよいから人間性を磨いてみましょう。自分を高めようと努力している姿ほど輝いているものはありません。

そうすれば，思わぬ出来事が起きてもそれを責め立てることなく受け入れることができるでしょうし，自分の失敗もこれからの人生の糧にすることができることでしょう。

そして，この人間性を磨くということに終わりはありません。

☑ 職員室を笑顔で照らし続ける

かつて，ある６年生の子どもが卒業する際に，「副校長先生はいつも明るかったです。まるで『太陽』のようでした」と色紙に書いてくれていたことがありました。

ときどきその学級に補欠授業に入って一緒に笑ったことや，職員室で見かけたときに励ましたことが印象に残っていたのでしょう。

この子のメッセージから気付いたことがあります。

「副校長・教頭は職員室を照らし続ける太陽のような存在。明るくし続けることが使命である」ということです。

管理職になるまでは，どちらかといえば太陽の光を浴びる存在だったかもしれません。

しかし管理職になるということは，先生方を笑顔で励まし，その活躍に光を注ぐ存在になるということです。そして，その活躍を喜べるようになりたいものです。

心得 55

人間性を磨き，太陽のように教職員を照らし続ける。それが副校長・教頭という存在である。
笑顔で教職員の活躍を見守り続けよう。

第5章　先頭に立って走る

【著者紹介】
佐藤　正寿（さとう　まさとし）
1962年，秋田県生まれ。1985年から岩手県公立小学校に勤務。現在，岩手県奥州市立常盤小学校副校長。「地域と日本のよさを伝える授業」をテーマに実践を重ねる。管理職になった今も，社会科を中心に教材開発・授業づくりに取り組んでいる。

【著書】
『これだけははずせない！　小学校社会科単元別「キー発問」アイディア』（明治図書，2010年），『プロ教師直伝！「教師力」パワーアップ講座―0からプロになる秘訣23箇条』（明治図書，2011年），『スペシャリスト直伝！　社会科授業成功の極意』（明治図書，2011年），『新版 価値ある出会いが教師を変える』（学事出版，2013年），『教師の力はトータルバランスで考える』（さくら社，2013年），『小学校　必ずうまくいくスリー・ステップでものにする授業のすご技34』（フォーラム・A，2015年）他多数

実務が必ずうまくいく
副校長・教頭の仕事術　55の心得

2016年1月初版第1刷刊　ⓒ著　者　佐　藤　正　寿
2021年4月初版第6刷刊　　　発行者　藤　原　光　政
　　　　　　　　　　　　　　発行所　明治図書出版株式会社
　　　　　　　　　　　　　　　　　　http://www.meijitosho.co.jp
　　　　　　　　　　　　　　（企画）矢口郁雄　（校正）大内奈々子
　　　　　　　　　　　　　〒114-0023　東京都北区滝野川7-46-1
　　　　　　　　　　　　　振替00160-5-151318　電話03(5907)6701
　　　　　　　　　　　　　ご注文窓口　電話03(5907)6668
　＊検印省略　　　　　　　組版所　長野印刷商工株式会社
本書の無断コピーは，著作権・出版権にふれます。ご注意ください。

Printed in Japan　　　　　　ISBN978-4-18-186114-8
もれなくクーポンがもらえる！読者アンケートはこちらから　→

実務が必ずうまくいく 研究主任の仕事術 55の心得

藤本 邦昭 著
Fujimoto Kuniaki

Ａ５判／132頁
1,760円＋税
図書番号：1745

校内研修の計画書づくりから、研究授業、研究発表会のプロデュース、職員の負担感の軽減まで、研究主任業務の表も裏も知り尽くした著者が明かす、実務の勘所と必ず役に立つ仕事術。若葉マークの研究主任も、この１冊さえあればこわいものなし！

実務が必ずうまくいく 教務主任の仕事術 55の心得

佐藤 幸司 著
Sato Koji

Ａ５判／128頁
1,800円＋税
図書番号：0150

必ず覚えておきたい法規の基礎知識から、教育課程を円滑に編成するためのステップ、知っているだけで仕事が数段楽になるＰＣ活用法まで、現役スーパー教務主任が明かす実務の勘所と必ず役に立つ仕事術。若葉マークの教務主任も、これさえあればこわいものなし！

明治図書 携帯・スマートフォンからは **明治図書ONLINE へ** 書籍の検索、注文ができます。 ▶▶▶
http://www.meijitosho.co.jp ＊併記４桁の図書番号（英字）でＨＰ、携帯での検索・注文が簡単に行えます。
〒114－0023 東京都北区滝野川７－46－１ ご注文窓口 TEL 03－5907－6668 FAX 050－3156－2790

＊価格は全て本体価格表示です。